Estudio pragmático-textual de marcadores discursivos en crónicas audiovisuales de eventos deportivos

STUDIEN ZUR ROMANISCHEN SPRACHWISSENSCHAFT UND INTERKULTURELLEN KOMMUNIKATION

Herausgegeben von
Gerd Wotjak, José Juan Batista Rodríguez und Dolores García-Padrón

BAND 173

PETER LANG

Sara Quintero Ramírez

Estudio pragmático-textual de marcadores discursivos en crónicas audiovisuales de eventos deportivos

PETER LANG

Información bibliográfica publicada por la Deutsche Nationalbibliothek
La Deutsche Nationalbibliothek recoge esta publicación en la Deutsche
Nationalbibliografie; los datos bibliográficos detallados están disponibles
en Internet en http://dnb.d-nb.de.

Catalogación en publicación de la Biblioteca del Congreso
Para este libro ha sido solicitado un registro en el catálogo CIP
de la Biblioteca del Congreso.

ISSN 1436-1914
ISBN 978-3-631-88036-4 (Print)
E-ISBN 978-3-631-88037-1 (E-PDF)
E-ISBN 978-3-631-88038-8 (EPUB)
DOI 10.3726/b19779

© Peter Lang GmbH
Internationaler Verlag der Wissenschaften
Berlin 2022
Todos los derechos reservados.

Peter Lang – Berlin · Bruxelles · Lausanne · New York · Oxford

www.peterlang.com

Índice

Introducción 13

    Objetivo del estudio 14

    Autenticidad de la investigación 16

    Descripción de la obra 18

Capítulo I Fundamentos teóricos 19

    1.1 Marcadores discursivos: aspectos generales 19

    1.2 Clasificaciones de los marcadores discursivos 22

    1.3 Importancia del deporte 27

    1.4 Descripción de las cinco disciplinas de nuestro estudio 28

        1.4.1 *Futbol* 28

        1.4.2 *Tenis* 30

        1.4.3 *Natación* 31

        1.4.4 *Patinaje artístico sobre hielo* 33

        1.4.5 *Ajedrez* 34

    1.5 Las narraciones deportivas 36

    1.6 Rasgos más relevantes de las crónicas deportivas 38

    1.7 Síntesis del capítulo 40

Capítulo II Aspectos metodológicos 43

    2.1 Tipo de estudio y preguntas de investigación 43

    2.2 Enfoques del estudio 44

        2.2.1 *Enfoque de la lingüística del texto* 44

        2.2.2 *Enfoque de la pragmalingüística* 46

    2.3 Formación del corpus de estudio 48

2.4 Procedimiento de análisis 54

2.5 Síntesis del capítulo 56

Capítulo III Resultados cuantitativos 57

3.1 Frecuencias del corpus general 57

3.2 Frecuencias de la crónica de futbol 63

3.3 Frecuencias de la crónica de tenis 64

3.4 Frecuencias de la crónica de natación 65

3.5 Frecuencias de la crónica de patinaje artístico sobre hielo 66

3.6 Frecuencias de la crónica de ajedrez 67

3.7 Distribución de los marcadores discursivos en las crónicas del corpus 69

3.8 Síntesis del capítulo 69

Capítulo IV Análisis y discusión de los resultados 73

4.1 El marcador discursivo *y* 73

4.2 El marcador conversacional *bueno* 77

4.3 El conector contraargumentativo *pero* 80

4.4 El marcador discursivo *pues* 84

4.5 El marcador conversacional *¿no?* 88

4.6 El conector *porque* 89

4.7 El marcador metadiscursivo conversacional *sí* 91

4.8 El conector consecutivo *así que* 94

4.9 El conector textual *entonces* 95

4.10 El marcador discursivo *digamos* 97

4.11 El marcador conversacional *desde luego* 99

4.12 El conector aditivo *incluso* 100

4.13 El marcador discursivo *la verdad es que* 101

4.14 El marcador discursivo *por otro lado* 103

4.15 Otros marcadores discursivos 104

4.16 Unidad al texto e impronta personal de los marcadores
      discursivos 112

4.17 Síntesis del capítulo 114

Capítulo V Conclusiones 117

5.1 Hallazgos 117

  5.1.1 Generalidades cuantitativas 117

  5.1.2 Hallazgos cuantitativos específicos 118

  5.1.3 *Hallazgos cualitativos específicos* 119

    Marcador discursivo y 119

    Marcador discursivo bueno 120

    Marcador discursivo pero 120

    Marcador discursivo pues 120

    Marcador discursivo ¿no? 120

    Marcador discursivo porque 121

    Marcador discursivo sí 121

    Marcador discursivo así que 121

    Marcador discursivo entonces 121

    Marcador discursivo digamos 121

    Marcador discursivo desde luego 122

    Marcador discursivo incluso 122

    Marcador discursivo la verdad (es) que 122

    Marcador discursivo por otro lado 122

5.2 Originalidad 124

5.3 Limitantes 127

5.4 Futuros estudios 128

Referencias bibliográficas 131

Abstract. En este libro *Estudio pragmático-textual de marcadores discursivos en crónicas audiovisuales de eventos deportivos*, examinamos las funciones que despliegan los marcadores discursivos de más alta frecuencia en el marco de un corpus constituido por crónicas audiovisuales de cinco diferentes eventos deportivos, a saber: un partido de futbol, un juego de tenis, una competencia de natación, un campeonato de patinaje artístico y una ronda de partidas de ajedrez.

En el plano teórico, en un primer momento, nos enfocamos en dilucidar las características más relevantes de los marcadores discursivos y sus respectivas clasificaciones basadas en criterios esencialmente pragmáticos. En una segunda instancia, nos centramos en describir, de manera clara y precisa, cada uno de los deportes cuyas narraciones conforman el corpus de nuestra examinación, así como las características lingüísticas que distinguen las crónicas de las cinco disciplinas deportivas en cuestión.

En el plano aplicado, el análisis de esta obra se escinde en dos apartados principalmente. En el primero, se exponen los resultados en términos cuantitativos, en particular en lo que concierne al corpus completo, así como a cada una de las crónicas que lo constituyen. En el segundo apartado, se interpretan cualitativamente los resultados antes aludidos con base tanto en las elucidaciones teóricas de estudiosos de los marcadores discursivos en general, como en los esclarecimientos exhaustivos de expertos en marcadores discursivos específicos y de nuestras observaciones detalladas del corpus en cuestión.

Palabras clave: discurso deportivo, marcación discursiva, unidad textual, texto fónico espontáneo, interacciones entre cronistas deportivos.

Introducción

Si bien las investigaciones sobre los marcadores discursivos son numerosas y siguen incrementándose en la actualidad, existe todavía una fuerte necesidad de llevar a cabo estudios centrados en este tema desde muy diversas perspectivas a fin de lograr un esclarecimiento lingüístico completo al respecto (Portolés Lázaro, 1993: 141).

Por un lado, encontramos estudios basados en corpus de cierto tipo de producciones, ya sea orales o escritas, ya sea espontáneas o con cierto grado de elaboración. En este respecto, podemos considerar los trabajos de Errázuriz (2012, 2014) sobre los marcadores discursivos en la escritura argumentativa académica por parte de estudiantes universitarios. También advertimos los estudios de Quintero Ramírez (2016) y López Chumbe (2019) respecto de los marcadores discursivos utilizados en notas periodísticas deportivas.

Por otro lado, hay investigaciones que se enfocan en el escrutinio exhaustivo de un marcador discursivo en concreto. A modo de ejemplo, cabe mencionar el estudio de Portolés Lázaro (1989) sobre el conector argumentativo *pues*, la investigación de Serrano (1997) sobre el uso de los marcadores *la verdad* y *pues*, el trabajo de Ochoa Madrid (2012) respecto del conector adversativo *pero*, así como el artículo de Vila Pujol (2003) en cuanto al rol de organizador textual de la partícula *y*.

También advertimos trabajos que analizan un grupo específico de marcadores discursivos, tal es el caso del estudio de Ortega Olivares (1985) en lo concerniente a los apéndices modalizadores comprobativos. Asimismo, destaca la obra de Portolés Lázaro (1993) referente al grupo de conectores y su distinción respecto de otros marcadores discursivos. En este sentido, cabe hacer referencia al trabajo de Tanghe & Jansegers (2014) en lo que atañe a los marcadores del discurso derivados de verbos de percepción en un análisis comparativo en español e italiano.

Como podemos observar, desde hace ya varias décadas, contamos con investigaciones diversas en torno a los marcadores discursivos. Empero, consideramos que hacen falta estudios referentes a los marcadores producidos en el discurso deportivo, en particular aquel que se origina de manera espontánea a través de medios fónicos. En otras palabras, se echan en falta investigaciones en torno a los marcadores utilizados en crónicas deportivas transmitidas por televisión u otros medios audiovisuales.

Objetivo del estudio

Con base en las observaciones anteriores, en la presente obra, nos proponemos llevar a cabo un estudio de los marcadores discursivos que se emplean en crónicas transmitidas en medios audiovisuales de cinco diferentes eventos deportivos, a saber: a) futbol, b) tenis, c) natación, d) patinaje sobre hielo y e) ajedrez.

Por un lado, tenemos el objetivo de identificar los marcadores discursivos de más alta frecuencia en el corpus en general, así como aquellos marcadores que se utilizan más asiduamente en cada disciplina deportiva a fin de determinar semejanzas y diferencias generales. Por otro lado, deseamos determinar las funciones textuales que desempeñan dichos marcadores en la producción de este género discursivo en concreto.

A fin de alcanzar el objetivo que perseguimos, concebimos un corpus de cinco fragmentos[1] de crónicas, esto es un fragmento de cada una de las cinco disciplinas deportivas. Hemos seleccionado la crónica de estos cinco deportes con base no solamente en sus características lingüísticas, sino también en los rasgos distintivos propios de dichos deportes. En otras palabras, se trata de deportes que despliegan diversas características: deportes individuales, por equipos, de verano, de invierno, acuáticos, intelectuales, artísticos, etc. Por consiguiente, consideramos que las respectivas crónicas también presentarán múltiples rasgos diferenciales dignos de análisis.

Primeramente, decidimos trabajar las crónicas de balompié, porque el futbol no solamente es el deporte más popular a nivel mundial (Hernández-Jaña, Jorquera-Aguilera, Almagià-Flores, Yáñez-Sepúlveda & Rodríguez-Rodríguez, 2021: 252), sino también porque es uno de los deportes más atractivos para el telespectador, además de ser un fenómeno masivo en el que está involucrada la sociedad contemporánea de una gran cantidad de países del mundo entero (Mapelli, 2009: 199). Asimismo, es una disciplina fácil de entender para cualquiera, pues "está regido por reglas sencillas y claras que todo el mundo es capaz de comprender" (Medina Cano, 1995: 69).

En segundo lugar, resolvimos examinar crónicas de tenis, ya que es un deporte que goza de cierta popularidad también, aunque en menor intensidad que aquella del futbol. Esta disciplina deportiva se caracteriza por su dinámica intermitente, en la que los deportistas deben hacer esfuerzos de diversa

---

1   Dado que la duración de cada una de las disciplinas antes mencionadas es muy dispar, hemos decidido considerar fragmentos de crónicas constituidos de cierto periodo de minutos (como lo detallaremos en el capítulo de la metodología) a fin de que los tiempos de las crónicas de cada uno de los deportes que nos ocupan sean equitativos.

intensidad a fin de dar respuesta a ciertas acciones iterativas de una duración no prolongada (Torres-Luque, Sánchez-Pay, Fernández-García & Palao, 2014: 118). A diferencia del futbol, el tenis puede jugarse entre dos individuos o dos parejas (Pérez Goez & Corrales Quintero, 2015: 42).

En tercera instancia, tomamos en consideración crónicas de natación, puesto que su característica principal consiste en que se concibe como un deporte preeminentemente acuático y de velocidad (o incluso resistencia) (Rojas Vargas, 2017: 8), ya que el deportista debe desarrollar técnicas locomotrices moviendo miembros superiores e inferiores de cierta manera (Llana Belloch, Priego Quesada, Pérez Soriano & Lucas Cuevas, 2013: 98) a fin de generar fuerzas propulsivas que le permitan desplazarse lo más rápido posible. La natación fue considerada disciplina olímpica desde 1896 en Atenas (Saavedra, Escalante & Rodríguez, 2003) y, en la actualidad, se practican cuatro estilos, a saber: libre o crol (del inglés *crawl*), dorso, mariposa y pecho.

En cuarto lugar, tomamos en cuenta crónicas de patinaje sobre hielo, porque actualmente no solo es el deporte olímpico de invierno con mayor tradición, sino también el que más se transmite por televisión en todo el mundo (Hines, 2011: 1). Además, se trata de un deporte de predominio estético (Barcelo, 1963: 34), pues requiere competencias atléticas a nivel deportivo, así como destreza a nivel artístico (Moran, 2000: 510). A diferencia de los deportes antes descritos, el patinaje artístico sobre hielo puede practicarse en las siguientes modalidades: a) individual varonil, b) individual femenino, c) parejas, d) danza, e) equipos, f) sincronizado (Kowalczyk, Geminiani, Dahlberg, Micheli & Sugimoto, 2019).

Por último, hemos considerado crónicas de ajedrez, ya que desde 1999 el ajedrez ha sido reconocido por el Comité Olímpico Internacional (COI) como deporte. Ciertamente, esta disciplina deportiva es preeminentemente intelectual, pues, a diferencia de los deportes que hemos reseñado anteriormente, requiere conocimiento sobre la técnica, dominio de estrategias, así como de las acciones tácticas defensivas y ofensivas (Bandera Castro, 2015: 49–50), pero al mismo tiempo exige cierto rendimiento físico por parte de quienes lo practican, ya que produce desgaste del sistema nervioso y cardiovascular (Santoro, 2010: 4–6; Blanco Hernández, 2020: 6–10).

La variedad de disciplinas deportivas que consideramos para nuestro estudio se basa en las elucidaciones de Augendre, Mathon, Boyé & Kupsc (2014: 1910), quienes proponen tres grandes categorías de los deportes de acuerdo con su manera de llevarse a cabo:

a) actuación por separado, en la que los deportistas presentan sus rutinas de manera independiente al resto de los competidores, este es el caso del patinaje artístico;

b) actuación paralela, en ella los deportistas tienen que competir unos respecto de otros de manera simultánea, aquí se sitúa la natación;

c) actuación de combate o partido, donde dos adversarios deben enfrentarse directamente. Estos enfrentamientos pueden desarrollarse individualmente como es el caso del tenis[2] y el ajedrez o en equipos como es el caso del futbol.

Así pues, como puede notarse, hemos elegido disciplinas deportivas de actuación por separado, de actuación paralela y de combate. Al mismo tiempo, algunas de ellas ponderan la individualidad como el ajedrez; mientras que otras hacen hincapié en la actuación grupal, tal es el caso del futbol.

Igualmente, si consideramos el lugar o la superficie donde se llevan a cabo dichas disciplinas, podemos advertir gran diversidad. En efecto, el futbol se practica en pasto; el tenis en arcilla, césped o cancha dura; la natación en agua; el patinaje artístico sobre hielo y el ajedrez sobre un tablero. Por consiguiente, las características intrínsecas de cada deporte son variadas.

La crónica de cada deporte aquí examinado también tiende a desplegar sus características determinadas (Augendre et al., 2014: 1910), no solamente en cuestión de terminología y locuciones técnicas propias de cada disciplina, sino también en cuestiones de pausas o silencios, así como de expresión de juicios de valor de acuerdo con las necesidades de cada evento deportivo.

Autenticidad de la investigación

Luego del preámbulo anterior, consideramos que un estudio como el que aquí proponemos resulta totalmente original y auténtico por diversos motivos. Primeramente, se trata de una investigación enfocada en los marcadores discursivos utilizados en un género textual determinado, más en particular, en la crónica deportiva, esto es textos fónicos y espontáneos, que tienen como objetivo principal relatar de manera inmediata los hechos deportivos que acontecen en un periodo de tiempo fijo y, simultáneamente, interpretar los hechos a través de opiniones y juicios de valor (Armañanzas, 2008: 6).

En esta investigación, no nos proponemos llevar a cabo la búsqueda de un marcador o un grupo de marcadores discursivos en concreto. Al contrario, nos centramos en identificar cuáles son los marcadores de los que los cronistas de

---

2   Cabe señalar que en el tenis también puede haber enfrentamientos por parejas.

diversas disciplinas deportivas se sirven más a menudo a fin de dar cuenta de los hechos que acontecen en los diferentes eventos narrados.

Asimismo, la originalidad de este estudio reside en que intentamos examinar si los rasgos diferenciales de los deportes antes mencionados (futbol, tenis, natación, patinaje artístico y ajedrez) y los rasgos característicos de sus respectivas crónicas se ven reflejados, a su vez, en el uso de marcadores discursivos al momento de dar cuenta de los eventos de cada disciplina deportiva.

Como hemos mencionado anteriormente, deseamos determinar las funciones textuales que despliegan los marcadores de más alta frecuencia en las crónicas del corpus. Lo que nos permitirá determinar la utilidad de los marcadores en un contexto real y al mismo tiempo en un género textual específico.

Con base en lo anterior, discurrimos que las elucidaciones presentadas en este libro contribuirán a los estudios sobre marcadores discursivos. Más específicamente, consideramos que la presente obra puede contribuir a los estudios sobre análisis del discurso deportivo, en concreto a aquellos dedicados a los textos producidos en medios fónicos y con un alto grado de espontaneidad. Y es que, como señala Serrano, los estudios sobre marcadores discursivos no solamente contribuyen al análisis del discurso en términos generales, sino que también ayudan a "consolidar patrones de comportamiento y organización comunicativa, siempre acordes a determinados parámetros específicos que constituyen los actos de habla y el entorno social donde se producen" (1997: 267).

Por último, creemos que nuestro estudio puede tener un impacto en diversos campos de estudio, sobre todo en los procesos de enseñanza-aprendizaje del español como lengua materna y lengua extranjera, así como en la enseñanza del periodismo y sus respectivas prácticas en medios audiovisuales.

Por un lado, podrá advertirse cómo los marcadores discursivos son utilizados por periodistas y comentaristas deportivos, es decir por usuarios especialistas en un lenguaje sectorial (Medina Montero, 2007: 196) en un entorno real. Y es que, como advierte Saiz Noeda (2010: 197), el lenguaje deportivo se encuentra entre los lenguajes científico-técnicos que resultan accesibles solamente para quienes se especializan en el tema. De tal manera, se podrán estudiar los marcadores más recurrentes en este tipo de lenguaje.

Por otro lado, podrá apreciarse cómo los periodistas de medios audiovisuales, en concreto televisión y plataformas digitales, recurren al uso de ciertos marcadores discursivos a fin de alcanzar determinados objetivos comunicativos e incluso propósitos socioculturales en textos producidos en un ámbito fónico (y visual) y con una concepción que tiende hacia la espontaneidad, como el hecho de captar y mantener la atención de sus oyentes.

Descripción de la obra

Luego de una breve introducción de este libro, hemos decidido escindir la presente obra en cinco capítulos con la finalidad de alcanzar los objetivos que nos hemos propuesto. El primer capítulo se encarga de presentar los fundamentos teóricos de esta investigación. Por un lado, exponemos qué son los marcadores discursivos, así como algunas propuestas de clasificación de acuerdo con criterios esencialmente pragmático-discursivos. Por otro lado, nos enfocamos en describir los rasgos distintivos de cada disciplina deportiva de cuyas crónicas nos ocupamos en este estudio, así como explicar las características lingüísticas más importantes del discurso deportivo, en concreto de las crónicas de futbol, natación, tenis, patinaje artístico y ajedrez.

El segundo capítulo se enfoca en la metodología de nuestro estudio. En primera instancia, se presenta el tipo de estudio junto con las preguntas de investigación. Enseguida, se describe cómo se ha constituido el corpus de crónicas deportivas. Posteriormente, se explica el enfoque teórico con base en el cual se analiza el corpus antes aludido. Finalmente, se expone el procedimiento que seguimos a fin de examinar el corpus de nuestro estudio y lograr el objetivo planteado.

En el tercer capítulo, se muestran los resultados cuantitativos derivados del análisis del corpus. Esencialmente, se hace una presentación de las frecuencias absolutas y relativas (porcentajes) de los marcadores discursivos más asiduos que se han identificado tanto de manera global en el corpus completo como en cada una de las crónicas de las disciplinas deportivas que aquí nos ocupan. En ambas instancias, se hace una distinción de los *types* y los *tokens* de los marcadores registrados en el corpus.

El cuarto capítulo está dedicado a la discusión de los resultados expuestos en el capítulo previo. En este espacio, retomamos las elucidaciones teóricas de los expertos en marcación discursiva, así como en el estudio exhaustivo de marcadores discursivos en específico y determinamos la función textual que despliegan los marcadores de más alta frecuencia en el corpus, sirviéndonos de ejemplificaciones tomadas del corpus.

El quinto y último capítulo se centra en la presentación de las conclusiones de nuestra investigación. Primeramente, se retoman los hallazgos más importantes del estudio y se esclarece la originalidad del mismo. En segundo lugar, reconocemos las limitaciones a las que nos debimos enfrentar a lo largo de este proceso. Finalmente, dilucidamos algunos estudios que pueden llevarse a cabo respecto de los marcadores discursivos en el marco de textos deportivos diversos.

Capítulo I Fundamentos teóricos

En el presente capítulo, exponemos las elucidaciones teóricas sobre dos temas que constituyen el hilo conductor de nuestra obra: los marcadores discursivos y la crónica deportiva. Respecto al primer tema, nos proponemos definir los marcadores discursivos y ofrecer algunos rasgos característicos al respecto. Enseguida, retomamos algunas clasificaciones de expertos en el tema con base en criterios esencialmente pragmáticos y comunicativos.

En lo que concierne al segundo tema, nos enfocamos en presentar una breve descripción de cada uno de los deportes cuyas crónicas conforman el corpus de nuestro estudio. Asimismo, exponemos el objetivo de una crónica deportiva, así como los rasgos que la caracterizan. Por último, presentamos las características lingüísticas más sobresalientes de las crónicas deportivas en general, así como algunas particularidades de cada una de las disciplinas que nos atañen en el estudio.

1. Marcadores discursivos: aspectos generales

Existe una diversidad de estudios que analiza detenidamente algunos términos y locuciones invariables que lejos de desempeñar una función sintáctica a nivel oracional, tienen la tarea de incidir a nivel discursivo. En efecto, con base en la teoría de la relevancia de Sperber & Wilson (1986), Blakemore (1992: 326) afirma que los marcadores discursivos poseen un significado procedimental que guía al receptor de un texto sobre cómo debe interpretar los componentes de dicho texto. De tal manera, como advierte Martín Zorraquino (2006), estas partículas deben estudiarse a la luz de la lingüística del texto.

Estos términos y locuciones han recibido una variedad de designaciones, a saber: *enlaces oracionales* (Gili Gaya, 1973), *ordenadores del discurso* (Alcina & Blecua, 1975), *conectores discursivos* (*discourse connectives*) (Blakemore, 1987, 1992) *conectores pragmáticos* (Briz, 1998) y *marcadores del discurso* (Martín Zorraquino & Portolés Lázaro, 1999; Loureda Lamas, 2010; Errázuriz Cruz, 2012 y 2014; entre otros). En su designación, a través de los adjetivos *discursivos*, *pragmáticos* o del sintagma preposicional *del discurso*, podemos advertir que la morfosintaxis no alcanza a proporcionar una explicación completa para dar cuenta de su uso. Por lo anterior, resulta primordial que los marcadores se estudien justamente en el discurso, en contextos precisos (Martín Zorraquino & Portolés Lázaro, 1999).

En otras palabras, tal como lo señala la mayoría de los estudiosos en el tema, los marcadores del discurso no se pueden considerar una clase gramatical, sino una clase funcional. Y es que se trata de elementos con características muy heterogéneas, pero al menos con una clara función en la construcción discursiva (Borreguero Zuloaga & Loureda, 2013: 186), sobre todo funciones que tienen que ver con la organización argumentativa, informativa o interaccional del discurso.

A pesar de la variedad de unidades lingüísticas que es considerada bajo la etiqueta de marcador discursivo, existen características morfológicas, sintácticas, semánticas y pragmáticas que los distinguen de otras clases léxicas.

Primeramente, de acuerdo con rasgos meramente morfológicos, los marcadores discursivos son unidades invariables, es decir carecen de flexión. De esta manera, *por consiguiente* es estimado un marcador discursivo; mientras que *por tal motivo* no es considerado así porque conserva su capacidad de flexión (*por tales motivos*). De acuerdo con Portolés Lázaro (2016), los marcadores discursivos de la lengua española derivan de un proceso de lexicalización o de uno de gramaticalización de ciertos términos o locuciones a través de diferentes estadios de la lengua (Elvira, 2009: 215–224).

Por un lado, en el proceso de lexicalización, los usuarios de la lengua dejaron de analizar las partes constitutivas de una locución para utilizar dicha locución como un bloque, es decir como una unidad indivisible. Así pues, una locución como *sin embargo* ya no es utilizada por su significado de *carecer de (sin)* + *impedimento (embargo)*, sino que se concibe como una sola expresión en el diccionario mental de los usuarios de la lengua (Portolés Lázaro, 2016).

Por otro lado, el proceso de gramaticalización implica que una unidad léxica con cierto valor gramatical adquiere un nuevo valor gramatical, pasando así de un significado referencial a otro menos referencial y que está ligado con el procesamiento. Es importante señalar que no todos los marcadores discursivos poseen el mismo grado de gramaticalización. De ahí que haya algunos marcadores mucho más gramaticalizados que otros. Y es que su origen es sumamente diverso.

Por un lado, contamos con marcadores que se originan de adjetivos, tal es el caso de *bueno* o *claro*. Por otro lado, tenemos marcadores, cuyo origen es un sustantivo, como *hombre*. Así también hay marcadores que nacen de adverbios como *bien* y *entonces*. Igualmente, hay otros que tienen sus orígenes en sintagmas preposicionales, por ejemplo: *por consiguiente* y *en fin*. Asimismo, algunos marcadores se derivan de sintagmas verbales como *es decir* (cuyo núcleo es un infinitivo) y *no obstante* (cuyo núcleo es un participio presente). Por último, cabe advertir marcadores que unen dos adverbios, tal es el caso de *así pues* y *ahora bien* (Martín Zorraquino & Portolés Lázaro, 1999: 4061).

A manera de ilustración, podemos considerar el marcador *bueno* que deja de ser un adjetivo y sufre un proceso de desemantización para adquirir matices expresivos y utilizarse más recurrentemente en el marco de las conversaciones. *Bueno* se convierte así en un marcador conversacional que puede tener una diversidad de funciones: a) como marcador de modalidad deóntica, b) como enfocador de la alteridad y c) como marcador metadiscursivo conversacional.

En primera instancia, a *bueno* se lo emplea para advertir la recepción del mensaje y el cambio de turno. Asimismo, se lo utiliza para dar lugar a una ruptura secuencial que puede presentarse en la apertura del texto, en el cambio de turno de habla, para introducir un nuevo tema o incluso para manifestar el deseo de cerrar el texto. Igualmente, se emplea para dar continuidad a un mismo tema o incluso para corregir, matizar o precisar una afirmación anterior (Martín Zorraquino & Portolés Lázaro, 1999: 4194).

Ahora bien, en lo que se refiere a las características sintácticas, los marcadores discursivos no desempeñan una función sintáctica a nivel oracional, ya que dichas unidades se sitúan en una posición marginal. En efecto, un marcador discursivo, por ejemplo: *por lo tanto*, que tiene la función de coordinar dos cláusulas, no puede analizarse como dependiente del verbo de ninguna de las dos oraciones coordinadas (Portolés Lázaro, 2016). Sin embargo, dicho conector tampoco constituye una categoría sintáctica independiente (Fraser, 1999). Asimismo, "[c]uando se encuentran en una unidad sintagmática, los marcadores del discurso tienen una relación sintáctica con todo el sintagma" (Martín Zorraquino & Portolés Lázaro, 1999: 4067). Cabe destacar que las relaciones de los marcadores discursivos respecto del miembro del discurso que preceden son muy diversas.

Martín Zorraquino & Portolés Lázaro (1999: 4062) señalan que, por sus propiedades sintácticas, se pueden diferenciar las distintas unidades que son consideradas marcadores discursivos. Hay marcadores que muestran una tendencia a ser utilizados al inicio del miembro discursivo, por ejemplo: *así pues*; mientras que otros marcadores, como las locuciones *no obstante* y *sin embargo*, muestran mayor movilidad.

Según criterios semánticos, el significado de los marcadores discursivos no representa una realidad, sino que orienta las inferencias textuales. En otras palabras, significa procesamiento (Portolés Lázaro, 2016). El marcador discursivo permite procesar de una manera específica lo que se expresa en el nivel comunicativo a través de unidades con significado conceptual (Escandell-Vidal, Leonetti & Ahern, 2011). "Todos los marcadores discursivos compelen al oyente por su significado a realizar las inferencias de un modo determinado" (Martín Zorraquino & Portolés Lázaro, 1999: 4072).

Asimismo, existen marcadores discursivos que tienen una misma función comunicativa y que despliegan un mismo valor semántico, además de poder resultar intercambiables entre sí en diversos contextos. De ahí que se los agrupe en una misma categoría. A modo de ilustración, podemos señalar el caso de los conectores aditivos como *además, incluso, igualmente* y *asimismo*. No obstante, también existen contextos pragmático-discursivos específicos que reclaman el uso de determinado conector y no de otro, por ejemplo, no se pueden utilizar indistintamente los conectores adversativos *pero, sino, no obstante, empero* y *sin embargo*.

Además de los criterios morfológicos, sintácticos y semánticos, cabe señalar que algunos marcadores discursivos se distinguen en dicho rol por la entonación empleada por el usuario de la lengua. Esto sucede especialmente con marcadores discursivos que son homónimos a otras categorías léxicas, por ejemplo: el caso de *bien* y *bueno* (Martín Zorraquino & Portolés Lázaro, 1999: 4064). Ciertamente, a nivel escrito, la entonación particular de estos marcadores discursivos suele reflejarse poniendo el marcador entre comas (Martín Zorraquino & Portolés Lázaro, 1999: 4065).

Asimismo, Meneses (2000: 318–319) advierte otras características gramaticales sobre los marcadores discursivos: a) si bien no se pueden coordinar entre ellos, sí pueden yuxtaponerse sin problema alguno, b) aunque pueden aparecer en construcciones con polaridad negativa, los marcadores no pueden negarse, c) no poseen un valor sémico *per se*, sino que dicho valor depende de la situación comunicativa en la que se utilizan y d) pueden comportarse de diferente manera en el discurso, incluso en un mismo turno de habla. Con ello advertimos que la morfosintaxis y la semántica solas no logran explicar su función por completo. Por ello, hay que recurrir a la pragmática y al discurso (Briz, 2010: 217).

En resumen, con base en los diferentes usos que se les da en el marco del discurso y la comunicación, las principales funciones de los marcadores discursivos consisten en la conexión argumentativa o estructuradora, la modalización, la focalización y el control de contacto entre los interlocutores (Cfr. Martín Zorraquino & Portolés Lázaro, 1999; Briz, 2010; Portolés Lázaro, 2016).

1.2 Clasificaciones de los marcadores discursivos

De acuerdo con las propiedades morfosintácticas, semánticas, pero sobre todo por sus características pragmáticas y sus funciones discursivo-comunicativas,

Martín Zorraquino & Portolés Lázaro (1999: 4081-4082) proponen clasificar los marcadores discursivos en cinco grandes apartados, estos son a) estructuradores de la información, b) conectores, c) reformuladores, d) operadores argumentativos y e) marcadores conversacionales.

Primeramente, los estructuradores de la información se encargan de organizar la información del discurso, indicando al enunciatario las diferentes partes del discurso sin intención de añadir ningún valor semántico. En otras palabras, los estructuradores de la información son ordenadores del contenido del discurso que se ocupan de dar cuenta de la superestructura del evento comunicativo. Su papel es básicamente demarcativo, pues circunscriben el inicio, la progresión y el cierre de una intervención, una secuencia, un párrafo o incluso un texto (Meneses, 2000: 328).

Tanto Martín Zorraquino & Portolés Lázaro (1999) como Meneses (2000) agrupan en este rubro comentadores, ordenadores y digresores. Por un lado, los comentadores, como su nombre lo indica, tienen la función de dar lugar a un comentario nuevo, por ejemplo: *dicho esto*. Por otro lado, los ordenadores consideran diversos elementos discursivos como partes de un solo comentario, por ejemplo: *en primer lugar*. Por último, los digresores permiten añadir un comentario adyacente a lo que se ha expuesto con anterioridad, por ejemplo: *por cierto*.

En segundo lugar, los conectores tienen la función de relacionar semántica y pragmáticamente dos fragmentos discursivos, estos pueden ser cláusulas a nivel de la oración y oraciones e incluso párrafos a nivel textual. Los conectores indican al enunciatario cómo deben interpretar semántica y pragmáticamente el fragmento textual en el que figura el marcador discursivo en cuestión (Cuenca, 1995: 27). En otras palabras, los conectores son elementos lingüísticos que orientan el discurso en una dirección específica a fin de que el receptor del texto pueda hacer ciertas inferencias y no otras (Portolés Lázaro, 1993: 142). Por ejemplo, el oyente que escucha *pero* entre dos miembros discursivos infiere que debe interpretar la relación entre ambos miembros de manera adversativa.

Martín Zorraquino & Portolés Lázaro (1999) en este grupo consideran conectores aditivos, por ejemplo: *además*; consecutivos, como: *por consiguiente*; y contraargumentativos, tal es el caso de *sin embargo*. Cabe señalar que Calsamiglia Blancafort & Tusón Valls (2002) añaden conectores de tiempo, como *luego*; de condición, por ejemplo: *en caso de*; de causa, como *porque* y de finalidad, un ejemplo de este es *a fin de que*.

En tercera instancia, el grupo de reformuladores tiene la función de parafrasear o reconsiderar lo que se acaba de expresar, ya sea porque el enunciador desea dejar más esclarecida su intención comunicativa o porque necesita rectificar de forma clara y precisa lo que ha expresado anteriormente. En palabras de Pons Bordería (2001: 224), la reformulación consiste en una corrección que implica un cambio en la perspectiva del usuario de la lengua. Dicho cambio se debe a un distanciamiento, una reconsideración o un rechazo de lo anteriormente enunciado.

Martín Zorraquino & Portolés Lázaro (1999: 4121-ss.) identifican cuatro grupos de reformuladores: explicativos, rectificativos, de distanciamiento y recapitulativos. Los explicativos, como su nombre lo señala, explican el fragmento textual que los antecede; un ejemplo de reformulador explicativo es *o sea*. Los rectificativos, como: *mejor dicho*, tienen la función de corregir el fragmento discursivo que se acaba de expresar. Los reformuladores de distanciamiento, por ejemplo: *en todo caso*, tratan de disminuir la pertinencia de lo que acaba de ser mencionado por los participantes de la comunicación. Por último, los reformuladores recapitulativos se ocupan del cierre o la conclusión de una intervención o un texto, por ejemplo: *en resumen*. Garcés Gómez (2006) y Portolés Lázaro (2016) añaden a este grupo los reformuladores de reconsideración, por ejemplo: *en definitiva*, que implican un nuevo punto de vista.

El cuarto grupo de marcadores discursivos, los operadores argumentativos, tienen la tarea de condicionar o reforzar un argumento (Martín Zorraquino & Portolés Lázaro, 1999: 4081). En dicho grupo encontramos operadores de refuerzo argumentativo y operadores de concreción. Los primeros se encargan de reforzar un argumento en relación con otros argumentos; un ejemplo de estos es *en realidad*. Mientras tanto los operadores de concreción tienen la tarea de presentar una especificación o un ejemplo en el fragmento discursivo en el que figuran, por ejemplo: *en particular*.

Por último, contamos con los marcadores conversacionales que constituyen el quinto grupo de marcadores discursivos. Estos marcadores son partículas discursivas utilizadas más frecuentemente, aunque no exclusivamente, en el marco de la conversación a fin de evidenciar las relaciones entre el hablante y el oyente (Loureda Lamas, 2010: 91). Su función es primordialmente expresiva, apelativa y fática (Meneses, 2000: 330). En efecto, estos marcadores tienen el cometido de dirigirse al interlocutor ya sea para involucrarlo en la conversación, indicar que el mensaje se ha recibido, que dicho mensaje se acepta o se rechaza, para mostrar el deseo de mantener o terminar el turno de habla, así como reforzar una aserción y guiar al interlocutor sobre la fuente de un mensaje (Vargas Urpi, 2017: 390–391).

En este grupo Martín Zorraquino & Portolés Lázaro (1999) y Meneses (2000) proponen cuatro diferentes subgrupos, a saber: a) marcadores de modalidad epistémica, b) marcadores de modalidad deóntica, c) enfocadores de la alteridad y d) metadiscursivos conversacionales.

Martín Zorraquino & Portolés Lázaro (1999) advierten que los marcadores de modalidad epistémica se asocian con nociones de posibilidad o necesidad de acuerdo con el grado de certidumbre o evidencia, un ejemplo de este tipo de marcador es *en efecto*. Asimismo, los marcadores de modalidad deóntica refieren a actitudes que se relacionan con la voluntad o el afecto, por ejemplo: *bueno*. Por su parte, los enfocadores de la alteridad evidencian la relación entre los participantes de la comunicación (Meneses, 2000: 330), tal es el caso de *mira*. Por último, los marcadores metadiscursivos conversacionales son estrategias que se emplean a fin de llevar a cabo adecuadamente la conversación, por ejemplo: *eh* (Martín Zorraquino & Portolés Lázaro, 1999: 4191).

A manera de síntesis, se puede apreciar la tabla 1, en donde se muestran los cinco principales grupos de marcadores discursivos que hemos caracterizado en los párrafos anteriores, así como sus diferentes subgrupos y ejemplos de los mismos.

Los diferentes grupos de marcadores discursivos propuestos por Martín Zorraquino & Portolés Lázaro (1999), Meneses (2000), Garcés Gómez (2006) y Portolés Lázaro (2016) nos permiten advertir que el usuario del español cuenta con una diversidad de recursos discursivos a fin de organizar sus textos y guiar a sus respectivos interlocutores en su debida interpretación.

Los marcadores discursivos son seleccionados de acuerdo con las necesidades y los objetivos comunicativos de los usuarios de la lengua, así como de acuerdo con los rasgos del posible interlocutor al que va dirigido un texto. Ciertamente, tal como lo señalan Koch & Oesterreicher (2007), el medio y la concepción en donde se producen los textos resultan factores importantes para recurrir a ciertos marcadores. Por una parte, hay marcadores que se utilizan más en textos escritos; mientras que otros se emplean exclusivamente en textos hablados. Por otra parte, existen marcadores que resultan más productivos en textos espontáneos; mientras que otros marcadores son más adecuados en textos con cierto grado de elaboración.

En el presente estudio, hemos de enfocarnos en los marcadores que se producen en un género discursivo hablado y espontáneo: la crónica deportiva, más en concreto crónicas de futbol, natación, tenis, patinaje artístico y ajedrez. Por ello, en el siguiente apartado describimos brevemente las disciplinas deportivas antes aludidas, así como las características más relevantes de sus respectivas crónicas.

Tabla 1. Clasificación de marcadores discursivos propuesta por Martín Zorraquino & Portolés Lázaro (1999) complementado por Meneses (2000), Calsamiglia Blancafort & Tusón Valls (2002), Garcés Gómez (2006) y Portolés Lázaro (2016)

Tipo de marcador discursivo	Subgrupos y ejemplos

Estructuradores de la información	a. Comentadores: *pues bien, así las cosas, dicho eso*
	b. Ordenadores:
	  • inicio: *en primer lugar, por una parte, por un lado*
	  • continuación: *en segundo lugar, por su parte, por otro lado*
	  • cierre: *por último, en último lugar*
	c. Digresores: *por cierto, a propósito, a todo esto*

Conectores	a. Aditivos: *además, encima, aparte* b. Consecutivos: *por tanto, en consecuencia, por consiguiente* c. Contraargumentativos: *en cambio, por el contrario, sin embargo* d. Temporales: *tan pronto como, mientras tanto, en cuanto, cada vez que* e. Condicionales: *con tal de que, a condición de que, siempre y cuando* f. Causativos: *porque, puesto que, pues, debido a que* g. De finalidad: *a fin de que, con la intención de, con el objetivo de, de tal manera que*
Reformuladores	a. Explicativos: *o sea, es decir, esto es, a saber* b. Rectificativos: *mejor dicho, más bien, digo* c. De distanciamiento: *en cualquier caso, en todo caso, de todos modos* d. Recapitulativos: *en suma, en conclusión, en resumen* e. De reconsideración: *en definitiva, al fin y al cabo, después de todo*
Operadores argumentativos	a. De refuerzo argumentativo: *en realidad, en el fondo, de hecho* b. De concreción: *por ejemplo, en especial, en particular*
Marcadores conversacionales	a. De modalidad epistémica: *en efecto, desde luego, por supuesto* b. De modalidad deóntica: *bueno, bien, de acuerdo* c. Enfocadores de la alteridad: *mira, hombre, vamos* d. Metadiscursivos conversacionales: *ya, sí, eh, este*

1.3 Importancia del deporte

En la actualidad y desde el siglo pasado, el deporte es considerado un fenómeno cultural universal que ejerce una fuerte influencia en la sociedad, tal como sucede con otras manifestaciones culturales como el teatro, la música, la danza, entre otras (Arias, 2012). En efecto, de acuerdo con García González (2009: 1), el deporte va más allá de una simple manera de ejercitarse y mantenerse en forma. Es sobre todo un entramado sociocultural complejo que incide e impacta no solamente a quienes lo practican, sino también a quienes lo organizan y a quienes lo observan.

Asimismo, el deporte constituye un reflejo de las tendencias de la sociedad actual, expresa los procesos sociales y a la vez influye en ellos provocando ciertos cambios (Capretti, 2011: 232). "El papel del deporte en la sociedad contemporánea trasciende con mucho el ámbito de la actividad física para implicar, decididamente, el ámbito de la cultura cotidiana con el deporte espectáculo" (De Moragas, 1994: 58).

En las últimas décadas el deporte se ha convertido en una transnacional comparable con importantes y poderosas corporaciones económicas, así como ideologías políticas y religiosas (Galindo Cáceres, 2010: 58). Y es que, gracias a los medios de comunicación masiva, se lo considera como un espectáculo que genera uno de los negocios más rentables a nivel mundial.

Ciertamente, el deporte logra cubrir la necesidad de filiación y afinidad desde grupos de pequeñas comunidades hasta de naciones enteras. Los miembros de dichos grupos se identifican entre sí y esta identificación la manifiestan a través de su discurso, sus fiestas, cánticos y otros rituales que acompañan el antes, el durante y el después de los eventos deportivos (De Moragas, 1994: 58).

Además de su carácter identificador, de acuerdo con Villena Fiengo (2003: 21), el deporte desempeña funciones sociales lúdicas de entretenimiento y de catarsis, sobre todo para las comunidades que llevan un estilo de vida acelerado y agobiante. Igualmente, con su profesionalización, el deporte cumple con una función de movilidad social, de valor pedagógico y de transmisión de valores cívicos que difunden la convivencia social entre miembros de diferente raza, creencia, nivel económico, entre otros factores (Villena Fiengo, 2003: 22).

Si bien estas características del futbol son altamente positivas, no podemos obviar otras situaciones sociales existentes en este deporte tales como la violencia en las gradas y fuera de ellas, el racismo, el pandillerismo que "no son situaciones y consecuencias atribuidas del deporte como tal, sino que, por el contrario, son expresiones sociales existentes en nuestra cotidianeidad y que se hacen más visibles y notorias en los escenarios deportivos" (Ramírez Gallegos, 2003: 102).

La popularidad que ha desarrollado el deporte lo ha tornado un interesante objeto de análisis desde diferentes enfoques. Uno de los enfoques que se ha propuesto examinarlo es justamente la lingüística, ya que el discurso producido en torno al deporte resulta un lenguaje de especialidad, en concreto un lenguaje sectorial (Medina Montero 2007: 197–198) con características lingüísticas distintivas.

Así pues, el discurso deportivo y, más en lo particular, el discurso producido en los diferentes medios de comunicación (radio, televisión, prensa digital e impresa, así como medios audiovisuales diversos) en torno al deporte se ha estudiado desde perspectivas morfológicas (cf. Guerrero Salazar, 2018b), sintácticas (cf. Quintero Ramírez, 2020), semánticas (cf. Guerrero Salazar, 2018a), textuales (cf. Quintero Ramírez, 2017) y discursivas (cf. Cárdenas Sánchez, 2018).

La presente obra pretende contribuir en los estudios de índole pragmático-textual y discursiva, pues tiene la finalidad de identificar los marcadores discursivos de más alta frecuencia en las crónicas transmitidas por diversos medios audiovisuales de cinco deportes, describir el cotexto en el que se producen y, además, determinar su función textual e intención comunicativa. Para ello, presentamos una breve descripción de estos cinco deportes, así como de los rasgos lingüísticos más relevantes de sus respectivas crónicas.

1.4 Descripción de las cinco disciplinas de nuestro estudio

En este apartado describimos de manera general las cinco disciplinas cuyas crónicas constituyen el corpus de nuestra investigación. Damos inicio con el futbol, seguimos con el tenis, continuamos con la natación, para dar paso al patinaje artístico sobre hielo y culminar con el ajedrez.

1.4.1 *Futbol*

El futbol es concebido como un referente social actual que se encuentra totalmente integrado en la cultura global (García García & Arroyo Almaraz, 2013: 132). De tal manera, es sin duda alguna el más popular de los deportes no solamente en la actualidad, sino también de todos los tiempos (Torrebadella-Flix & Nomdedeu-Rull, 2013: 7). Y es que dicha disciplina deportiva siempre está presente en eventos lúdicos de convivencia, así como en eventos de carácter profesional que son transmitidos por diversos medios de comunicación.

El fútbol [...] surge como deporte en Inglaterra a lo largo del siglo XIX, y su difusión geográfica se inicia hacia el último cuarto del mismo siglo, favorecida por el empuje comercial e industrial del imperio inglés. Su difusión, tanto geográfica como social, gana ímpetu en los años '30, cuando se celebra el primer campeonato mundial y llega a su máxima expresión con el desarrollo de las tecnologías comunicativas audiovisuales, sobre todo con la televisión color por satélite y microondas (Villena Fiengo, 2003: 258).

Asimismo, Ohl (2001: 186) afirma que el futbol no solamente resulta el deporte más mediatizado, sino también un factor importante en la construcción de una identidad comunitaria. "Desde el punto de vista sociocultural el fútbol es una práctica festiva que genera en las personas procesos de identidad y mecanismos de reconocimiento" (Ramírez Gallegos, 2003: 106). Antezana (2003: 92) advierte que esta identidad puede ir desde comunidades locales a nivel de clubes hasta metaidentidades nacionales en eventos internacionales o campeonatos del mundo.

Villena Fiengo (2003: 259) asevera que el discurso que se desarrolla en torno al futbol es una expresión de la identidad antes mencionada. En efecto, el aficionado participa en los eventos futbolísticos a través de sus gritos, porras, expresiones de lamento por una jugada malograda, gritos de júbilo ante la victoria, alabanzas a un jugador o al equipo, insultos a los árbitros de un partido e incluso opiniones respecto de cómo debería jugar cierto futbolista o lo que debería hacer el entrenador de un club (Antezana, 2003: 86).

Ciertamente, el discurso que se utiliza en el deporte constituye un lenguaje sectorial. Dentro de este discurso, advertimos que tanto los aficionados como los periodistas emplean un lenguaje más específico para referirse al futbol, lo que constituye en sí mismo una jerga especial (Saiz Noeda, 2010: 197). Dicha jerga está conformada de terminología técnica para referir jugadas y movimientos que suceden en el terreno de juego, en especial extranjerismos como: *penalty*, *offside*, *corner*, *dribbling*, entre otros (Nomdedeu Rull, 2003), así como expresiones cargadas de emoción y pasión a fin de que el auditorio se emocione igualmente con lo que sucede en el partido.

García García & Arroyo Almaraz (2013: 132) advierten que cada periodista produce ciertas expresiones creativas que ayudan a crear su propio estilema. Estas expresiones hacen que el público no solo se sienta cautivado por el evento futbolístico, sino que también recurra a estas mismas para hacer referencia a situaciones deportivas, así como a otras situaciones de la vida cotidiana (Hernández Alonso, 2003; Mapelli 2004 y 2010; Oliva Marañón, 2012: 3).

Si bien existen diversas modalidades de futbol, como el de sala y el de playa, ciertamente la modalidad más común es aquella que se juega en un campo de césped con once jugadores por equipo. Asimismo, encontramos una gran diversidad de categorías de acuerdo con la edad de los jugadores, por ejemplo: infantil, cadete, juvenil, etc. Sin embargo, la que goza de mayor popularidad en el mundo entero es el futbol a nivel profesional. Además, cabe precisar que existen equipos tanto en su modalidad varonil como en aquella femenil.

A lo largo de la historia, ha habido futbolistas notables que han revolucionado este deporte como Edson Arantes do Nascimento "Pelé", Manuel Francisco dos Santos "Garrincha", Alfredo Di Stéfano, Johan Cruyff, Ferenc Puskás, Eusébio da Silva Ferreira, Romário de Souza Faria, Diego Armando Maradona, Marcel van Basten, Franz Beckenbauer, Giuseppe Meazza, Lionel Messi, Cristiano Ronaldo, Alex Morgan, Kelley O'Hara, Mia Hamm, entre otros.

1.4.2 *Tenis*

El tenis es un deporte no tan popular como el futbol, pero con cierta reputación y altamente difundido por los medios de comunicación masiva. Actualmente, el tenis es considerado uno de los cinco deportes con mayor difusión a nivel mundial e incluso hay medios de comunicación y periodistas especializados en este deporte (Muntañola, 1996: 12). Es una disciplina que se practica al aire libre o en pistas cubiertas y en diferentes superficies, como arcilla, césped y canchas duras (goma, acrílico, asfalto o cemento) (Pérez Goez & Corrales Quintero, 2015: 42).

Los orígenes del tenis son un tanto inciertos. Por un lado, Rivera Archundia & Pérez Ramírez (2016: 136) dilucidan que sus orígenes se remontan a rituales religiosos y galas militares en el marco de las civilizaciones griega, romana y egipcia. Por otro lado, Sánchez-Alcaraz Martínez (2013: 53) afirma que los primeros datos del tenis corresponden al México precolombino, más específicamente a la ciudad de Tula.

Sin embargo, antecedentes más definidos, en concreto el *jeu de paume* (juego de palma), apuntan al siglo XII al norte de Francia. Este juego consistía en golpear la pelota con la palma de la mano, tal como reza su nombre original. Años después, los jugadores utilizaban un guante para golpear la bola (Wilson, 2016: 21). Ya para el siglo XVI, el guante se cambió por raquetas. Fue entonces cuando el deporte se conoció con el nombre de *tennis* (Pozo Rocha, 2016: 4).

Si bien el tenis actual data de finales del siglo XIX, los siglos XII y XIII constituyen la época más importante de los precedentes del tenis, ya que este deporte era practicado por miembros de la Iglesia y de la Corte. A finales del siglo XIX, más en concreto en 1873, el tenis es inventado como tal y sus reglas son registradas oficialmente por el mayor Walter Clopton Wingfield (Sánchez-Alcaraz

Martínez, 2013: 55). Posteriormente, hubo revisiones en el reglamento y este deporte llega a jugarse popularmente en países como Francia, Estados Unidos y Alemania, estableciéndose como *lawn tennis*, un deporte de masas.

A nivel profesional, la *Asociación de Tenistas Profesionales* (ATP) tiene la función de presentar una clasificación semanal de los jugadores profesionales, los *ATP Rankings*[3], así como de organizar los partidos de tenis más relevantes a nivel mundial por medio del *ATP Tour*. Este tour está constituido de alrededor de ochenta torneos celebrados en más de cuarenta países del mundo entero. Cada torneo tiene sus características, sus premios, así como los puntos que se ofrecen para la clasificación de los tenistas que llegan a ciertas fases (Baiget i Vidal, 2011: 58). En la actualidad, se celebran partidos individuales masculinos, individuales femeninos, dobles masculinos, dobles femeninos y dobles mixtos.

Los cuatro torneos más importantes se denominan *Grand Slams* y estos son Wimbledon que se juega sobre césped, Roland Garros que se juega en arcilla, Abierto de Australia (*Australian Open*) y Abierto de los Estados Unidos (*U.S. Open*), estos dos últimos se juegan en superficie dura de acrílico (Dunn, Goodwill, Wheat & Haake, 2011: 859). Asimismo, existen otros torneos importantes tales como los ATP Masters 1000, los ATP 500 y los ATP 250 (Baiget i Vidal, 2011: 58).

Algunos de los máximos exponentes en la historia del tenis son Rafael Nadal, Roger Federer, Björn Borg, Novak Djokovic, Pete Sampras, Boris Becker, Jimmy Connors, Ivan Lendl, Stefan Edberg, Serena Williams, Venus Williams, Steffi Graff, Martina Navratilova, Suzanne Lenglen, Chris Evert, Margaret Court, entre otros.

1.4.3 *Natación*

Por su parte, la natación es considerada como una de las actividades físicas más completas, porque para practicarla, se necesita involucrar la mayor parte de los sistemas del cuerpo humano. Llega a practicarse con frecuencia por los beneficios que produce a nivel de la salud, también como técnica de intervención terapéutica (*swimming therapy*), así como a nivel competitivo que es cuando exige esfuerzos físicos más altos (Guillén García & Vasconcelos Raposo, 2002: 434).

De acuerdo con Domínguez, Britez & Piñeyro (2011: 1), la natación es un deporte evidentemente acuático que consta de dos grandes ejes, el primero consiste en la práctica acuática a fin de desarrollar habilidades como la flotación,

---

3   Un sistema de clasificación de los tenistas tanto a nivel mundial como a nivel histórico.

Tabla 2. Estilos y distancias en natación de acuerdo con Guillén García & Vasconcelos Raposo (2002)

Estilos/Distancias	50 m	100 m	200 m	400 m	800 m	1500 m
Crol	X	X	X	X	X (prueba femenil)	X (prueba varonil)
Mariposa	X	X	X			
Pecho	X	X	X			
Dorso	X	X	X			
Varios estilos			X	X		

la respiración, la propulsión, los giros, entre otras actividades y las habilidades específicas, es decir las técnicas particulares de nado. El segundo eje es la natación vista como una actividad competitiva, individual e institucionalizada con un reglamento específico.

Si bien este deporte no goza de la misma popularidad de los otros dos deportes antes aludidos (futbol y tenis), ciertamente en los últimos años ha adquirido cierta notoriedad a nivel *amateur* y actualmente es practicado por personas de todas las edades y de todos los niveles sociales (Lora Sánchez & Ruiz Holguín, 1998: 427). Actualmente, ha alcanzado cierto apogeo a nivel mundial y muchos nadadores de diversos países llegan a competir a nivel internacional.

La natación es una competencia olímpica desde 1896 en los Juegos Olímpicos de Atenas. Las pruebas que se consideraban en esos juegos eran de 100, 500 y 1200 metros estilo libre (Saavedra et al., 2003). De acuerdo con Rojas Vargas (2017: 8), las competencias de natación pueden ser pruebas de velocidad y de resistencia. Asimismo, las competiciones suelen realizarse en piscinas de 25 o 50 metros, así como en aguas abiertas. En la actualidad, en piscina, se practican cuatro estilos: a) libre o crol (del inglés *crawl*), b) dorso o espalda, c) mariposa y d) pecho o braza (Guillén García & Vasconcelos Raposo, 2002: 434).

Con base en las distancias que deben recorrerse, Guillén García & Vasconcelos Raposo (2002) proponen la tabla 2, en la que se muestra un resumen de las pruebas que existen de acuerdo con los diferentes estilos y las múltiples distancias existentes en competiciones internacionales.

Algunos nadadores reconocidos por su nivel en competiciones mundiales y olímpicas son Michael Phelps, Ian Thorpe, Alexander Popov, Mark Spitz, Matt Biondi, Pieter van de Hoogenband, Aaron Peirsol, Jenny Thompson, Inge de Bruijn, Krisztina Egerszegi, Kirsty Coventry, Kristin Otto, Natalie Coughlin, Dara Grace Torres, Ariarne Titmus, entre otros.

1.4.4 *Patinaje artístico sobre hielo*

En cuanto al patinaje artístico sobre hielo, este es un deporte que busca un equilibrio entre la precisión técnica de los saltos, los giros, las secuencias de pasos, etc., y la interpretación del patinador (Hines, 2011: 1). En este deporte, se le exige al patinador una gran capacidad atlética para dominar el desplazamiento con velocidad, equilibrio y precisión con los bordes de las cuchillas, esto sin obviar la destreza interpretativa para la parte artística con porte, elegancia y el ritmo adecuado de acuerdo con la melodía que acompaña su rutina (Kowalczyk et al., 2019: 295; Moran, 2000: 510–513).

En cuanto a los orígenes de este deporte, el patinaje artístico data del siglo XVIII como un entretenimiento de la nobleza europea. En 1892 se funda la federación internacional de deportes de invierno más antigua, la Unión Internacional de Patinaje sobre Hielo (ISU) en los Países Bajos que hoy en día se encarga de organizar competencias en todas las modalidades, así como de establecer las reglas de este deporte a nivel competitivo (Koning, 2005: 418).

En un principio, el patinaje se practicaba en pistas naturales al aire libre, cuando el agua de los lagos se congelaba. Posteriormente, se crearon pistas de hielo interiores[4], lo que permitió que las prácticas de patinaje se dieran durante todo el año y no solamente durante la temporada de invierno. Esto aumentó el nivel técnico en los patinadores (Morales Alvial, 2013: 4). En la actualidad, encontramos cuatro tipos de pistas sobre hielo: a) natural, b) seminatural, c) artificial y d) sintética.

El primer Campeonato Mundial de Patinaje Artístico se celebró en 1896 en San Petersburgo únicamente en modalidad varonil. Para Múnich 1906, se llevó a cabo por primera vez la categoría individual femenil, aunque no como parte del campeonato mundial. Dos años después, se introdujo la modalidad de parejas (Menéndez Varas, 2017: 12–13). La danza en el hielo fue considerada por vez primera en un campeonato mundial en 1952 y fue parte de los juegos olímpicos a partir de 1976. La modalidad sincronizada es relativamente reciente. En efecto, en el año 2000, se celebró el primer Campeonato Mundial de Patinaje Sincronizado. En la actualidad, el patinaje artístico cuenta con las siguientes modalidades: a) individual varonil, b) individual femenil, c) parejas, d) danza, e) equipos, f) sincronizado (Kowalczyk et al. 2019).

El patinaje artístico sobre hielo es el deporte olímpico de invierno más antiguo, pues no solo fue una de las nueve disciplinas que se presentaron en la

---

4   La primera pista de hielo en espacio interior fue creada en 1876 en Londres. Tres años después, se instauró la primera pista de hielo interior en Nueva York.

primera edición de los juegos de invierno, en Chamonix 1924, sino que antes de ello formó parte del programa de los Juegos Olímpicos de Verano de Londres de 1908 (Villamediana Sáez & Lázaro de la Iglesia, 2020). Actualmente, este es el deporte de invierno más televisado a nivel mundial (Hines, 2011: 1) y es practicado en más de cincuenta países del mundo entero de acuerdo con los reglamentos estipulados por la ISU (Moran, 2000: 510).

En este deporte, advertimos seis saltos principales: el *axel*, el *lutz*, el *flip*, el *loop* o 'bucle', el *toe loop* o 'bucle picado' y el *salchow*. Además de los saltos, encontramos también secuencias de pasos, ángeles, espirales, arabescas, movimientos de enlace, elevaciones, entre otros elementos[5].

Algunos patinadores que han hecho historia en este deporte son Gillis Grafström, Ulrich Salchow, Axel Paulsen, Evgeni Plushenko, Alekséi Yagudin, Nathan Chen, Yuzuru Hanyu, Sonja Henie, Peggy Fleming, Katarina Witt, Midori Ito, Jayne Torvill y Christopher Dean, Marina Anissina y Gwendal Peizerat, Tessa Virtue y Scott Moir, Oleg Protopopov y Lyudmila Belousova, Aljona Savchenko y Bruno Massot, Yekaterina Gordéyeva y Serguéi Grinkov, entre otros.

1.4.5 Ajedrez

Por último, el ajedrez es considerado un deporte intelectual por excelencia que se juega entre dos contrincantes en un tablero cuadrado constituido de 64 casillas. Cada contrincante comienza con dieciséis piezas en el tablero con las que va ideando ciertos movimientos y jugadas (Federación Internacional de Ajedrez FIDE). Ermiş & Erilli (2017: 221) lo califican de intelectual, porque demanda competencias complejas de parte de sus jugadores a fin de resolver problemas y anticipar jugadas del adversario.

Los orígenes de este deporte no solamente son un tanto inciertos, sino que han captado la atención de muchos aficionados y expertos. Por un lado, Panov (1989: 9) advierte que los antecedentes del ajedrez datan de hace aproximadamente mil quinientos años con el nombre de *chaturanga*. Aunque este juego se jugaba entre cuatro contendientes y representaba la formación del ejército indio de la época: a) carros de guerra, b) infantería, c) caballería y d) elefantes.

Pasaron siglos para que los árabes modificaran no solo la manera de jugarlo, sino también su reglamento e incluso su nombre, a saber: *schatrandasch*.

---

5   Los diferentes elementos del patinaje dependen del tipo de categoría en el que se compita. A manera de ejemplo, podemos advertir que en la danza sobre hielo no hay saltos ni elevaciones que se puedan ejecutar arriba de los hombros.

Posteriormente, el juego se expandió a Europa en donde recibió la denominación de *shahmat*, del persa *shah* 'rey' y del árabe *mátá* 'muerto'. Como puede observarse, desde sus inicios, el ajedrez ha representado una guerra entre dos bandos: "una guerra a muerte, conducida según ciertas reglas y leyes, de una manera cultivada, pero sin cuartel" (Lasker, 1997: 21–22). En efecto, cada pieza tiene un valor determinado y desempeña una función específica (FIDE).

Asimismo, su acomodo en el tablero tiene toda una explicación bélico-militar. En la segunda fila, se ubican los peones blancos; mientras que en la séptima fila se sitúan los peones negros. En la octava fila, se deben posicionar las piezas negras de mayor rango y en la primera fila las piezas blancas de igual valía. El ajedrecista que juega con piezas blancas debe situarlas en el siguiente orden: torre, caballo, alfil, dama, rey, alfil, caballo y torre; mientras que las piezas negras deben aparecer enfrente de su respectiva homónima blanca (Lásker, 1997: 31–32). La finalidad de este deporte consiste en dar jaque mate, esto es vencer al rey del jugador contrincante, produciendo una jugada que no le permita al adversario mover el rey o defenderlo (Fernández Amigo, 2008: 81–82; Gutvay & Fernández Amigo, 2012: 135).

Ahora bien, de acuerdo con el Comité Olímpico Internacional, el ajedrez es catalogado como un deporte por su accesibilidad, su exigencia de alto rendimiento en los jugadores, su normativa específica y su concepción como competencia, (Santoro, 2010: 4–6; Fernández Amigo, 2008: 99; Blanco Hernández, 2020: 6–10).

De acuerdo con la FIDE, existen tres modalidades de juego en los torneos oficiales de ajedrez, que son los siguientes: a) ritmo clásico, b) partida rápida y c) *blitz*. Las partidas a ritmo clásico son aquellas en las que cada ajedrecista cuenta con más de una hora para buscar dar mate al rival. En muchos torneos oficiales, podemos encontrar partidas de dos horas más una hora extra al superar la cuadragésima jugada. Las partidas rápidas le conceden a cada ajedrecista entre los quince y los sesenta minutos de juego. Por último, las partidas *blitz*, también conocidas como relámpago, son juegos que tienen una duración menor de quince minutos (Salvador Sánchez & Suñé Torrents, 2015: 26).

Algunos ajedrecistas que han marcado un hito en la historia de este deporte son Alexander Alekhine, José Raúl Capablanca, Bobby Fischer, Gari Kaspárov, Borís Spaski, Mijaíl Tal, Emanuel Lasker, Anatoli Kárpov, Vladimir Krámnik, Viswanathan Anand, Mikhail Botvinnik, Magnus Carlsen, Paul Morphy, Judit Polgár, Hou Yifan, Vera Menchik, Olga Rubtsova, entre otros.

1.5 Las narraciones deportivas

Como hemos mencionado anteriormente, el discurso deportivo es concebido como un lenguaje de especialidad (Medina Montero 2007; Saiz Noeda, 2010; entre otros) que se produce en muy diversos géneros discursivos tanto a través de medios escritos (artículos, reportajes, columnas, etc.) como fónicos (entrevistas, ruedas de prensa, narraciones, etc.). En estos últimos, en particular la radio, la televisión y más recientemente los medios digitales, las crónicas que acompañan las transmisiones de eventos deportivos se constituyen como el género discursivo prototípico (Pedrero Esteban, 2017: 150 y ss.).

La crónica deportiva en radio, televisión o medios digitales se define como el relato inmediato de lo que sucede en un evento deportivo. Esta labor es esencialmente narrativo-descriptiva, pues se narran las acciones que tienen lugar en el evento y, al mismo tiempo, se ofrecen opiniones de dichas acciones o de cuestiones colindantes (Armañanzas, 2008: 6), así como acotaciones estadísticas e incluso hechos anecdóticos (Marín Montín, 2000: 242). Y es que la función de la crónica no solamente consiste en relatar los hechos del evento que se transmite, sino también contribuir a que el auditorio sienta la emoción y la pasión del evento transmitido (Gómez Echeverri, 2008: 16).

En efecto, de acuerdo con Mathon & Boulakia (2009: 287), una crónica deportiva está conformada de dos grandes etapas: una se dedica a narrar y describir, de la manera más completa posible, lo que acontece en el evento deportivo. La otra etapa consiste en ofrecer opiniones, comentarios y sugerencias aledañas en torno al evento, un deportista en concreto, un entrenador, un equipo, un lugar o una situación (Quintero Ramírez, 2015: 237).

Los responsables de realizar la crónica deportiva son periodistas que se especializan en la disciplina que relatan. Estos periodistas no solamente deben ser conocedores deportivos, sino también deben ser expertos en la narración rápida y fluida, así como en la improvisación (Regalado Ortegón, 2006: 88). Dependiendo del tipo de evento y de la disciplina que se narra, una crónica deportiva puede estar a cargo de un diferente número de responsables. A modo de ilustración, en un corpus de tres crónicas futbolísticas, Quintero Ramírez (2015) advierte la presencia de cuatro hasta siete responsables de la crónica dependiendo de la relevancia del partido narrado y el evento transmitido.

Tanto Mathon & Boulakia (2009) como Augendre et al. (2014) identifican al menos tres roles que pueden desempeñarse en la crónica de ciertos eventos deportivos[6] transmitidos por televisión, a saber:

---

6   En el caso de ambos estudios, se analizan crónicas de rugby.

a) El cronista principal es quien interviene durante más tiempo en la crónica, ya que se encarga de narrar las acciones más relevantes del evento de manera inmediata. Asimismo, se encarga de organizar las intervenciones de los otros responsables de la crónica. Por lo general, esta función corre a cargo de una persona que ha recibido una educación formal en la carrera de periodismo.

b) El especialista también tiene una participación constante en la crónica, pero sus intervenciones se circunscriben a hacer comentarios en torno a lo que ha acontecido, ofrecer juicios de valor y establecer un diálogo con el cronista principal. Por lo general, el especialista tiende a ser un exdeportista reconocido que le da cierto prestigio a la transmisión, aunque esta no es una regla indiscutible.

c) El periodista en el terreno de juego se ocupa de intervenir de manera muy puntual para presentar lo que observa (en las bancas, las tribunas, el estadio) desde un punto estratégico del lugar donde se desarrolla el evento. En otras palabras, ofrece una perspectiva diferente de aquella de los otros dos comentaristas para el auditorio televidente o radioescucha. Generalmente, esta función es realizada por un profesional en el periodismo.

A estos tres responsables, Quintero Ramírez (2015: 242) añade la intervención del comentarista de fondo, un periodista que solo interviene esporádicamente en la crónica para presentar una acotación analítica extensa sobre los sucesos más trascendentales del evento deportivo. De acuerdo con la autora, este periodista aparece única y exclusivamente cuando el evento es sumamente trascendental para el medio de transmisión, así como para el auditorio al que va dirigido.

Ahora bien, de los responsables antes aludidos, no todos desempeñan un rol esencial. Quintero Ramírez (2015: 252) señala que tanto el periodista principal como el especialista juegan un papel importante en la crónica de un evento. Mientras tanto, la función del periodista en el terreno de juego y aquella del comentarista de fondo no son primordiales, pues sus intervenciones son consideradas meramente secundarias y de acompañamiento a la crónica principal.

A lo anterior, hay que sumar a los comentaristas del inter- y pospartido. Y es que, tanto en algunas televisoras como en ciertas plataformas digitales, existe la figura del comentarista que se dedica a hacer una suerte de síntesis analítica tanto en el medio tiempo como al final del partido. En efecto, cuando se trata de eventos como la Liga de Campeones de la UEFA (*UEFA Champions League*), estos analistas no solamente se enfocan en examinar el partido que se está transmitiendo en dicho momento, sino también aquellos que se desarrollan de manera simultánea, dando cuenta de las consecuencias que se derivan de todos los resultados.

1.6 Rasgos más relevantes de las crónicas deportivas

Si bien cada disciplina por su naturaleza da lugar a una crónica con ciertas propiedades lingüísticas, también es cierto que todas las crónicas deportivas comparten ciertos rasgos generales. Entre estos últimos sobresale el uso del presente indicativo para constituir el hilo conductor de la crónica y dar cuenta de cada una de las acciones relevantes que tienen lugar en el evento, sobre todo en la fase descriptivo-narrativa[7]. El uso de este tiempo verbal es totalmente comprensible, ya que las acciones se narran y se describen de manera casi inmediata a cómo van sucediendo (Herrero Gutiérrez, 2012: 121–122).

Otro rasgo que se destaca en las crónicas deportivas en general es el uso de sintagmas nominales a fin de imprimirle fluidez a la narración. Estos sintagmas aluden a distintas realidades deportivas. En el caso de los deportes de conjunto y que se juegan con una pelota, los sintagmas nominales suelen utilizarse para nombrar al deportista que tiene la posesión del balón (*Pogba, Varanne, Pavard, Umtiti*). En el caso de otros deportes, los sintagmas nominales se emplean para designar algunos movimientos, jugadas o alguna situación específica (*barrida fuerte, siciliana d6, triple axel*, entre otros).

Una característica común a las crónicas de casi todos los deportes es el uso recurrente de lenguaje creativo, normalmente expresado mediante figuras retóricas diversas tales como metáforas, metonimias, hipérboles, prosopopeyas, símiles, juegos de palabras, entre otros (cf. Medina Montero, 2007; Mapelli, 2010; Saiz Noeda, 2010; Guerrero Salazar, 2018a; Quintero Ramírez, 2017).

Entre los rasgos diferenciales, a nivel fonético-fonológico, encontramos las pausas y los silencios que se permiten los cronistas al momento de narrar el evento deportivo. Por un lado, en las crónicas futbolísticas, las pausas son casi imperceptibles, ya que duran dos o tres segundos como máximo (Quintero Ramírez & Cárdenas Navarro, 2020: 227). Y es que el ritmo acelerado del partido, así como la emoción que le imprimen los cronistas a sus intervenciones no permiten dejar tiempos de silencio en la narración del partido.

---

7   Aunque también se recurre a toda una gama de tiempos y modos verbales, por ejemplo, el pretérito de indicativo para aludir a remembranzas deportivas como algún dato histórico, una hazaña de algún protagonista o simplemente una anécdota.

Por otro lado, en las crónicas de tenis, las pausas pueden ir desde los cinco segundos hasta el minuto y medio. Dichas pausas resultan necesarias a fin de que la audiencia que sigue la transmisión en televisión observe el momento más acelerado del partido, esto es cuando los tenistas están disputando un punto en el juego. Toda vez que uno de los jugadores ha ganado el punto, los cronistas hablan al respecto tanto para señalar lo que acaba de suceder en el partido como para comentar los movimientos y ejecuciones de los tenistas involucrados (Quintero Ramírez & Cárdenas Navarro, 2020: 224).

Al igual que en el tenis, en las crónicas de patinaje artístico, en específico en el momento de la rutina de los patinadores, los cronistas hacen pausas extensas de hasta más de un minuto y medio. Los silencios prolongados por parte de los cronistas son considerados necesarios a fin de que el público pueda disfrutar la parte artística de la rutina (Quintero Ramírez, 2021: 96). Cierto es que, en el momento de la actuación de los patinadores, los narradores solamente intervienen de manera ocasional para mencionar los nombres de los elementos técnicos y coreográficos ejecutados, tales como los saltos, los molinetes, las elevaciones, las secuencias de pasos, los espirales, entre otros (Quintero Ramírez, 2021: 90).

Otras características que diferencian las crónicas de los eventos deportivos se ubican a nivel léxico-semántico. Si bien es cierto que, en todos los deportes, hay términos y expresiones comunes tales como las etapas de una competencia, los participantes de un evento, la logística, la participación de un árbitro o juez, entre otros (Karayev, 2016: 311), cada disciplina deportiva posee una terminología y locuciones específicas que se derivan de su reglamento, así como de su procedimiento de juego.

Ciertamente, hay deportes que por su grado de popularidad entre los usuarios de una lengua presentan una terminología más accesible que otros. A manera de ejemplo, podemos ver cómo la terminología del futbol resulta bastante común entre los hablantes del español, aún entre aquellos que no son aficionados a este deporte (Saiz Noeda, 2010: 197). Mientras tanto, la terminología del ajedrez resulta mucho más críptica para las personas ajenas a esta disciplina.

En efecto, sin tener muchos conocimientos en el deporte en cuestión, en las crónicas de balompié, es fácil entender términos como *pena máxima, saque de banda, saque de meta* y expresiones como *tener olfato de gol, subirse a la bicicleta/motocicleta, tener hambre de gol*, entre otras. En las crónicas ajedrecísticas, en cambio, es difícil comprender términos como *siciliana, catalana, grand prix, línea del dragón* o *Cambridge Spring* y expresiones como *las blancas deciden enrocar, trasponer un gambito de dama* o *el alfil no pierde de vista ninguno de los dos flancos.*

Luego de presentar tanto las características lingüísticas más importantes que comparten las crónicas de las diferentes disciplinas deportivas que nos ocupan, así como aquellos rasgos diferenciales más relevantes, podemos confirmar que el discurso deportivo ciertamente es un lenguaje especializado, tal como lo señalan Medina Montero (2007: 196) y Saiz Noeda (2010: 197). Empero, es importante advertir, además, que el discurso derivado de cada disciplina deportiva puede considerarse un sublenguaje sectorial no solo por la terminología y locuciones que son propios de cada deporte, sino también por los rasgos estilísticos y expresivos que les imprimen los cronistas a sus textos hablados.

Ahora bien, lo que nos interesa determinar en el presente estudio es si las características lingüísticas distintivas de cada deporte impactan en el uso de ciertos marcadores discursivos, pues deseamos identificar los marcadores más recurrentes en las crónicas deportivas en general, así como aquellos más frecuentes en las crónicas de cada una de las disciplinas que nos conciernen.

1.7 Síntesis del capítulo

A manera de recapitulación, el presente capítulo de esta obra se ha enfocado en presentar explicaciones teóricas de estudiosos respecto de dos temáticas principales: por un lado, de los marcadores discursivos y su categorización; por otro lado, de los cinco deportes que nos conciernen y su respectiva crónica.

En relación con la primera temática, hemos intentado ofrecer una definición concreta de los marcadores discursivos, así como la caracterización morfológica, sintáctica, semántica y pragmático-discursiva de estas unidades. Para ello, nos hemos servido de las elucidaciones teóricas de reconocidos estudiosos del tema.

Asimismo, hemos presentado una de las clasificaciones más contundentes concebida por dos expertos en el tema que, complementada con las elucidaciones de otros autores, conforma la base teórica a partir de la cual examinamos los fragmentos de las cinco crónicas deportivas del corpus de esta investigación.

En lo tocante a la crónica deportiva, hemos presentado una síntesis de los aspectos históricos y técnicos más relevantes de cada una de las disciplinas deportivas, cuyas crónicas constituyen el objeto de estudio de esta obra.

Igualmente, nos hemos enfocado en exponer qué es una crónica deportiva, sus principales objetivos comunicativos, así como sus rasgos lingüísticos más importantes. En un primer momento, nos hemos enfocado en cuestiones más generales que atañen a todas las disciplinas deportivas; mientras que, en una segunda instancia, nos hemos centrado en algunas características distintivas de cada deporte que nos atañe.

Consideramos que, con las elucidaciones presentadas en este capítulo, contamos con las herramientas teóricas pertinentes para poder examinar el corpus de las crónicas deportivas que describiremos detalladamente en el siguiente capítulo que se ocupa de los aspectos metodológicos.

Capítulo II Aspectos metodológicos

El presente capítulo está dedicado a exponer los aspectos metodológicos que sustentan nuestro estudio. Primeramente, explicamos el tipo de estudio que nos proponemos realizar de acuerdo con los objetivos expuestos al inicio de esta obra. Asimismo, revelamos las preguntas de investigación que nos hemos formulado. Enseguida, presentamos los enfoques del estudio con base en los cuales intentamos dar respuesta a dichas preguntas de investigación. Posteriormente, describimos cómo se ha conformado el corpus de crónicas deportivas para llevar a cabo el estudio. Por último, explicamos cómo hemos procedido para examinar el corpus aludido.

2.1 Tipo de estudio y preguntas de investigación

Con base en los objetivos que perseguimos y que hemos planteado al inicio de esta obra, el presente trabajo es de índole descriptiva. Y es que como señalan Hernández Sampieri, Fernández Collado & Baptista Lucio (2014), es común que la finalidad del investigador sea el hecho de describir fenómenos específicos a fin de detallar cómo se manifiestan dichos fenómenos. "Con los estudios descriptivos se busca especificar las propiedades, las características y los perfiles de personas, grupos, comunidades, procesos, objetos o cualquier otro fenómeno que se someta a un análisis" (2014: 92).

Respecto de nuestro estudio, consideramos que es indiscutiblemente descriptivo, porque deseamos determinar la frecuencia, el comportamiento y la función textual que desempeñan los marcadores discursivos en el marco de un género textual específico: la crónica deportiva, más concretamente la crónica de balompié, tenis, natación, patinaje artístico y ajedrez. Igualmente, como lo hemos mencionado anteriormente, deseamos establecer semejanzas y diferencias respecto de los marcadores en las crónicas de las diferentes disciplinas que nos ocupan.

A partir de los objetivos que nos hemos planteado, se derivan las siguientes preguntas de investigación:

- ¿Cuáles son los marcadores discursivos de más alta frecuencia que utilizan los cronistas de eventos perteneciente a cinco diferentes disciplinas deportivas?
- ¿En qué contextos y cotextos concretos de las crónicas antes aludidas llegan a utilizarse estos marcadores discursivos?

- ¿Cuáles son las semejanzas y las diferencias más notables respecto de los marcadores discursivos utilizados en dichas crónicas?
- ¿Cuál es la función textual que desempeñan los marcadores discursivos más frecuentes del corpus?

2.2 Enfoques del estudio

A continuación, elucidaremos cómo la lingüística del texto y la pragmalingüística constituyen las dos disciplinas con base en cuyos enfoques analizaremos los marcadores discursivos de las crónicas deportivas que nos conciernen en la presente obra.

2.2.1 *Enfoque de la lingüística del texto*

A fin de dar respuesta a las interrogantes que hemos formulado, discurrimos que necesitamos abordar el fenómeno de los marcadores discursivos desde la lingüística del texto. Según De Beaugrande & Dressler (1997), la lingüística del texto intenta ir más allá del análisis de las estructuras morfosintácticas y se pregunta el cómo y el porqué de la construcción y la utilización de los textos. En otras palabras, con la lingüística de texto nos ubicamos en un nivel supraoracional y completamente comunicativo.

De Beaugrande & Dressler (1997) aseveran que lo que hace a un texto definirse como tal no es su gramaticalidad, sino su textualidad, es decir, como advierte Raible (2000: 19), un texto no puede considerarse una serie de transiciones lineales que se establecen entre frases consecutivas. En otras palabras, no puede ser una mera suma de palabras, oraciones o párrafos, ni mucho menos una gran oración compuesta parcialmente por oraciones correctas gramaticalmente y enunciadas en secuencia lógica.

En efecto, Rück (1991: 15) afirma que puede haber frases que son consideradas completas desde una perspectiva puramente sintáctica, sin embargo, que a nivel textual requieren un elemento extra que las complemente. Y es que las frases son solamente parte de un texto, y por ello, su función comunicativa se desprende de su inclusión en el marco de una totalidad textual.

Asimismo, Rück (1991: 17) menciona que la frase se produce en un contexto extralingüístico, que él denomina situación o contexto. De tal suerte que un enunciado no puede considerarse una simple frase que se origina de forma aislada, sino el fragmento de un todo que toma en cuenta cuestiones pragmáticas como el eje espacio temporal en el que es producido, así como los interlocutores involucrados en la producción de dicho enunciado y de los enunciados contiguos.

Así pues, a fin de producir un texto, se requiere de cierta jerarquía entre las diferentes transiciones de sintagmas, cláusulas y enunciados. Un texto puede definirse entonces como una mezcla equilibrada entre el orden y la sorpresa. Si todo fuera puro orden, tendríamos un producto aburrido. Si, por el contrario, todo fuera pura sorpresa, tendríamos un producto caótico. "La sorpresa supone la existencia de un orden que nos hace prever lo que viene probablemente a continuación, porque el factor que constituye el orden nos permite la anticipación" (Raible, 2000: 20).

Con base en las elucidaciones de De Beaugrande & Dressler (1997) y Raible (2000), el texto se concibe como un producto complejo que equilibra la información conocida con aquella que el receptor del texto está a punto de descubrir. En este orden de ideas, el texto ha de cumplir con ciertos parámetros y principios reguladores de la comunicación.

De Beaugrande & Dressler (1997) proponen siete parámetros de textualidad y tres principios de comunicación. De los parámetros de textualidad, dos de ellos pertenecen a un orden eminentemente lingüístico, estos son cohesión y coherencia. Otros dos corresponden a un orden psicolingüístico, tal es el caso de la intencionalidad y la aceptabilidad. Otros dos son más sociolingüísticos, a saber: situacionalidad e intertextualidad. El último es de carácter computacional, la informatividad. Los principios comunicativos son eficacia, efectividad y adecuación.

Respecto de los parámetros más preeminentemente lingüísticos propuestos por De Beaugrande & Dressler (1997), Raible (2000: 21–22) concibe seis recursos de cohesión textual, esto es seis técnicas o medidas que se encargan de proveer al texto de orden:

a) La primera técnica es la cohesión más fundamental que presupone que en todo texto debe haber un autor y un destinatario. De alguna manera, constituye la base de las demás medidas de cohesión.

b) La segunda medida de cohesión se refiere a que secuencias de enunciados despliegan marcas que evidencian su carácter de conjunto, tal es el caso de contornos de entonación, pausas y ciertas cuestiones sintácticas.

c) El tercer recurso es la cohesión actancial que se basa en la variedad de recursos anafóricos que le permite al autor de un texto hacer referencia a los actantes del mismo a través de diversos recursos lingüísticos.

d) El cuarto recurso de cohesión es la asertoria y constituye la medida de cohesión más importante para nuestro análisis, ya que aquí se examina cómo diversos enunciados llegan a relacionarse entre sí a través de distintas partículas que unen, organizan, interpelan, ayudan a interpretar, etc.

e) La quinta medida de cohesión es la temporal, es decir todos los elementos que permiten situar los enunciados en el tiempo, ya sea propiedades del verbo, elementos adverbiales, entre otros.

f) Por último, la sexta técnica de cohesión la constituyen las invariantes tanto formales como de contenido. A manera de ejemplo, vale aludir a ciertos esquemas prosódicos, una estructura sintáctica prototípica en un texto, así como otros elementos que siempre están presentes en un género textual.

Si bien todas las medidas de cohesión presentadas por Raible son importantes para examinar un texto, para el presente estudio, nos servimos especialmente de las últimas tres medidas de cohesión textual, esto es de la cohesión asertoria, la cohesión temporal, así como de las invariantes del texto a fin de dar cuenta del papel que juegan los marcadores discursivos en las crónicas deportivas.

Tal como lo plantean Rück (1991), De Beaugrande & Dressler (1997), así como Raible (2000), nosotros consideramos que es importante traspasar las fronteras de las estructuras morfosintácticas a fin de llegar a niveles textuales. De hecho, los marcadores discursivos no pueden analizarse desde una perspectiva meramente morfosintáctica. Su función trasciende la oración a fin de cumplir con una tarea de unir cláusulas, cambiar el turno de habla, interpelar al interlocutor, proveer de instrucciones al receptor del texto respecto de cómo debe interpretarlo, organizar las secuencias del texto, ratificar o corregir lo que se ha dicho con anterioridad, etc.

Por consiguiente, a fin de determinar la función que desempeñan los marcadores a nivel textual, deben estudiarse con su cotexto correspondiente. Asimismo, debemos conocer la situación espacio temporal en la que se emplean, así como el rol social de los interlocutores y su respectiva intención comunicativa en el texto que producen. En otras palabras, requerimos tanto del cotexto como del contexto en el que se utilizan los marcadores discursivos[8].

2.2.2 *Enfoque de la pragmalingüística*

Para lograr los objetivos de este estudio, así como dar respuesta a las preguntas de investigación, consideramos que es necesario recurrir a un enfoque

---

8 Es por lo anterior que los ejemplos que figuran en los siguientes capítulos son ejemplos que no solo muestran los marcadores discursivos de más alta frecuencia, sino que presentan un fragmento completo en donde puede apreciarse cuál es el cotexto inmediato tanto anterior como posterior a los marcadores en cuestión.

pragmalingüístico. Y es que como Weinrich (1976: 8) afirma, en la pragmática del texto hay que partir de la situación cotidiano-pragmática en la cual se producen las interacciones sociales a fin de examinarlas. Es en estas interacciones donde el autor de un texto desea influir en el receptor de este. Indudablemente, para nuestro estudio debemos tomar en cuenta a los interlocutores de la crónica deportiva.

Tal como lo afirman Rück (1991), De Beaugrande & Dressler (1997) y Raible (2000), Weinrich (1976: 45) insiste en que, para llevar a cabo un análisis pragmalingüístico, al igual que en la lingüística de texto, es importante que se tomen en cuenta, en igualdad de derecho, unidades más extensas que la oración simple. Asimismo, hay que considerar la situación que rodea al texto, lo que Rück denomina situación o contexto. Tal como lo mencionamos anteriormente, el contexto en el que se producen los marcadores discursivos nos parece esencial en la presente obra a fin de comprender su respectiva función textual.

Por su parte, Escandell Vidal (1996) afirma que, a nivel de los textos, los significados convencionales de las palabras aisladas no resultan tan importantes, pues al considerar las palabras en su conjunto, así como los diferentes elementos que intervienen en el texto (interlocutores, intención comunicativa, situación de enunciación, eje espacio temporal, entre otros), surgen significados distintos a los significados convencionales de las palabras en su forma aislada.

Es por lo anterior que los marcadores discursivos aquí examinados presentan significados muy particulares e incluso muy distintos de las palabras que los constituyen. A fin de descubrir el valor semántico de los marcadores, así como su respectiva función textual, es preciso tomar en cuenta elementos contextuales como lo advierte Escandell Vidal. Así pues, lo importante en este estudio no es formularnos la pregunta ¿qué significa tal marcador discursivo? La pregunta verdaderamente relevante es ¿qué quiere decir o qué pretende darnos a entender el autor del texto con el uso de tal marcador discursivo en el contexto espacio temporal en el que lo utiliza?

Una de las tareas esenciales que tiene la pragmática es aquella de explicar por qué se emplean ciertos elementos que desde una perspectiva semántica o sintáctica no alcanzan a comprenderse en su totalidad. En el caso de los marcadores discursivos, nos damos cuenta de que ni la semántica ni la sintaxis poseen las herramientas suficientes para elucidar el porqué de su uso y su función.

Es por lo anterior que consideramos que es necesario recurrir a la pragmalingüística a fin de comprender de mejor manera el uso de los marcadores discursivos más frecuentes en las diferentes crónicas deportivas. Y es que existen elementos socioculturales que nos explican por qué es adecuado recurrir a cierto marcador discursivo en un determinado contexto y no en otro. Lo que pretendemos explicar a través de la pragmalingüística es qué condiciones permiten el uso más asiduo de ciertos marcadores discursivos en la crónica deportiva.

Así pues, consideramos que tanto la lingüística del texto como la pragmalingüística son dos disciplinas indudablemente relacionadas, cuyas herramientas nos ayudarán a determinar los cotextos y las situaciones comunicativas que impactan los contenidos lingüísticos de las crónicas de las cinco disciplinas deportivas que nos conciernen. En específico, nos serviremos de ambas disciplinas para comprender cómo influyen dichos cotextos y contextos en el empleo de los marcadores discursivos, para que las crónicas resulten textos aceptables, apropiados y oportunos para el auditorio.

2.3 Formación del corpus de estudio

Con la finalidad de responder a las preguntas de investigación formuladas anteriormente y alcanzar el objetivo que nos hemos propuesto, conformamos un corpus constituido de cinco fragmentos de crónicas deportivas. En específico, el corpus lo constituye un fragmento de cada una de las disciplinas que figuran como objeto de nuestro estudio, esto es: a) futbol, b) tenis, c) natación, d) patinaje artístico sobre hielo y e) ajedrez.

Tal como hemos mencionado al inicio de esta obra, la duración de los eventos de cada uno de los deportes que nos ocupan es distinta. Mientras un partido de futbol dura, por lo general, noventa minutos aproximadamente; un partido de tenis o una competencia de patinaje artístico no tiene un tiempo reglamentario[9].

Por lo expuesto en el párrafo anterior, decidimos conformar el presente corpus de fragmentos de quince minutos de cada una de las crónicas. Así logramos que los fragmentos de cada crónica sean relativamente más homogéneos[10]. De tal manera, el corpus de nuestro estudio está conformado de un total de setenta

---

9 A manera de ejemplo, cabe recordar que el partido de tenis más corto que se ha jugado en la historia de este deporte tuvo una duración de apenas 28 minutos y 20 segundos entre Jarkko Nieminen y Bernard Tomic; mientras que el juego más largo se disputó en el campeonato de Wimbledon 2010 entre John Isner y Nicolas Mahut, durando 11 horas, 6 minutos y 23 segundos.

10 Independientemente de las pausas o los silencios que se producen en las crónicas de ciertos deportes que requieren mayor apreciación por parte del receptor de la transmisión.

y cinco minutos de crónicas deportivas para la identificación de los marcadores discursivos de más alta frecuencia con su respectiva función textual.

De la disciplina futbolística, tomamos en cuenta la narración del partido entre la selección varonil mayor de Canadá contra su similar de México, en el Octagonal final de la Confederación de Norteamérica, Centroamérica y el Caribe de Futbol (CONCACAF) rumbo a Qatar 2022 que se disputó el 16 de noviembre de 2021 en Canadá.

El torneo en cuestión se constituye como la ronda final que define a las selecciones nacionales varoniles representantes de la zona CONCACF para participar en la próxima Copa del Mundo de Futbol en Qatar 2022. Las selecciones participantes de este octagonal son México, Jamaica, Honduras, El Salvador, Canadá, Costa Rica, Estados Unidos y Panamá.

El partido que hemos considerado para el corpus fue transmitido por la televisora mexicana *TV Azteca* y los responsables de dicha crónica fueron: Christian Martinoli como periodista principal, Luis García y Luis Roberto Alves "Zague" como especialistas, Jorge Campos como comentarista[11] y Carlos Guerrero como periodista en el terreno de juego.

Del deporte del tenis, contamos con el juego correspondiente a la final varonil individual entre el ruso Karen Khachanov y el alemán Alexander Zverev en el marco de los Juegos Olímpicos de Tokio 2020 en su trigésimo segunda edición que se celebró el 1 de agosto de 2021. Cabe señalar que estos juegos olímpicos sufrieron un histórico aplazamiento de un año debido a la pandemia COVID-19[12], a fin de poder establecer las medidas necesarias para una participación relativamente segura por parte de los deportistas.

El juego de tenis que tomamos en cuenta para el corpus fue transmitido por la plataforma *Marca Claro*. A diferencia de la narración de futbol, para la crónica del evento tenístico solamente hubo dos responsables: por un lado, Roberto Peláez en el rol de periodista principal y, por otro lado, el extenista argentino Javier Frana, quien jugó profesionalmente de 1986 a 1997, en función de especialista de esta disciplina deportiva.

---

11 Hemos designado a Jorge Campos como comentarista y no como especialista, ya que su función en la crónica consiste justamente en hacer comentarios esporádicos respecto de ciertas acciones puntuales que acontecen en el terreno de juego, sobre todo aquellas que están relacionadas con la actuación de los porteros.

12 En este caso, se trata de una enfermedad del SARS-COV2 que tuvo su aparición en China en diciembre de 2019 y que se extendió al mundo entero. La Organización Mundial de la Salud la declaró pandemia global desde marzo de 2020.

De la natación, tomamos la crónica de la final de 100 metros estilo mariposa en su modalidad varonil y los 200 metros dorso para mujeres. Ambas competencias tuvieron lugar el penúltimo día de competencia de natación de los Juegos Olímpicos de Tokio 2020, en el Centro Acuático de Tokio. Las pruebas finales de natación fueron transmitidas por la plataforma *Marca Claro*. Los dos cronistas que narraron las competencias antes aludidas fueron Jorge Álvarez en tanto que periodista principal y Roberta Rodríguez como especialista.

Del patinaje artístico sobre hielo, tomamos en cuenta el programa libre de la modalidad femenil de los Juegos Olímpicos de Invierno de la Juventud que se celebraron el 13 de enero de 2020 en Lausana, Francia en su tercera edición. Los Juegos Olímpicos de la Juventud son un evento deportivo que intenta reunir a los mejores atletas del mundo entero que tienen entre 15 y 18 años de edad. Estos juegos se presentan tanto en su modalidad de verano como de invierno.

El evento de patinaje que tomamos para el corpus también se transmitió a través del portal de información *Marca Claro*. Los cronistas a cargo de la narración del evento fueron Roberto Peláez como periodista principal y Lilian Yedid como especialista.

Por último, de la disciplina ajedrecística, consideramos la crónica de la ronda número trece en el marco del *Tata Steel Masters* que se celebró el 30 de enero de 2022 en su octogésimo segunda edición. Este es un torneo anual de ajedrez que normalmente tiene lugar en enero en la ciudad de Wijk aan Zee, Países Bajos. El torneo es considerado como el "Wimbledon" del ajedrez, ya que reúne a grandes personalidades del mundo ajedrecístico.

En sus inicios en 1938, tenía el nombre de Torneo Hoogovens en honor al promotor del evento, posteriormente se lo designó Torneo Corus y, actualmente, recibe el nombre de Tata Steel[13]. Los cronistas que tuvieron la responsabilidad de narrar la partida fueron David Martínez Martín "El Divis" y Kevin Paveto.

Como ambos cronistas son jugadores profesionales de ajedrez y ambos ostentan el título de maestro internacional sin contar con una educación formal en periodismo, nos permitimos señalar que los dos narradores figuran en calidad de especialistas. Empero, de alguna manera, David Martínez Martín hace las veces de cronista principal, ya que es quien se ocupa realmente de narrar lo que está sucediendo en el tablero y al mismo tiempo tiene el control de los turnos de habla en la crónica, tal como lo definen Mathon & Boulakia (2009) y Augendre et al. (2014).

---

13 Las diferentes designaciones corresponden con el cambio de nombre de la compañía promotora del evento.

Tabla 3. Descripción de las crónicas deportivas del corpus

Disciplina deportiva	Evento	Fecha	Medio de transmisión	Cronistas
Futbol	Octagonal final de la CONCACAF rumbo a Qatar 2022 entre las selecciones varoniles de Canadá y México	16 de noviembre de 2021	TV Azteca	Christian Martinoli, Luis García, Luis Roberto Alves, Jorge Campos y Carlos Guerrero
Tenis	Final varonil individual en los Juegos Olímpicos de Tokio 2020 entre Karen Khachanov y Alexander Zverev	1 de agosto de 2021	Marca Claro	Roberto Peláez y Javier Frana
Natación	Finales de la competencia de 100 metros estilo mariposa varonil y 200 metros estilo dorso femenil en los Juegos Olímpicos de Tokio 2020.	31 de julio de 2021	Marca Claro	Jorge Álvarez y Roberta Rodríguez
Patinaje artístico	Programa libre de la modalidad femenil de los Juegos Olímpicos de Invierno de la Juventud de Lausana.	13 de enero de 2020	Marca Claro	Roberto Peláez y Lilian Yedid
Ajedrez	Ronda 13 del *Tata Steel Masters* en Wijk aan Zee: Giri vs Rapport, Caruana vs Mamedyarov; Esipenko vs Praggnanandhaa; Duda vs Grandelius; Vidit vs Karjakin y Van Foreest vs Shankland.	30 de enero 2022	Chess 24 en Español	David Martínez y Kevin Paveto

La crónica de ajedrez no se concretó a una sola partida, sino más bien a fragmentos de diversas partidas, a saber: entre Giri y Rapport, Caruana versus Mamedyarov; Esipenko contra Praggnanandhaa; Duda frente a Grandelius; Vidit contra Karjakin y Van Foreest frente a Shankland. La transmisión de dicho evento se llevó a cabo en línea mediante la plataforma *Chess24 en Español*.

La tabla 3 muestra las características más importantes de las crónicas que conforman el corpus de nuestro estudio.

Como se puede apreciar en la tabla 3, los eventos que hemos seleccionado para conformar el corpus de esta investigación son de carácter internacional e incluso mundial y tuvieron lugar durante los años 2020, 2021 y 2022[14] en diferentes escenarios del mundo.

Asimismo, en la tabla aludida, se puede constatar que tres de los eventos, tenis, natación y patinaje sobre hielo, son transmitidos por la multiplataforma desarrollada por el portal de información *Marca Claro*[15]. Dicha plataforma se presenta como un medio especializado en la difusión de eventos deportivos, sobre todo de eventos de carácter internacional, mundial y olímpico. Cabe señalar que dicho medio transmitió una gran diversidad de eventos de múltiples disciplinas deportivas de los Juegos Olímpicos de Tokio 2020 en América Latina. De tal manera que lo consideramos para las crónicas de las tres disciplinas deportivas antes mencionadas.

Un evento más, aquel de futbol, es transmitido por la televisora *TV Azteca*. Dicha televisora es de origen mexicano y pertenece al Grupo Salinas. Asimismo, esta televisora cuenta con cuatro canales nacionales de televisión en México, estos son *Azteca Uno, Azteca 7, ADN 40* y *A Más*. Al ser el futbol un deporte más popular que el resto de los aquí considerados, podemos advertir cómo no se tuvo que recurrir a un canal especializado en deportes, sino a un canal de televisión general.

Por último, contamos con la transmisión del evento de ajedrez a cargo de un portal especializado en esta disciplina deportiva, esto es *Chess 24 en Español*. En efecto, este sitio es uno de los pocos medios que se encarga de transmitir y comentar partidas de ajedrez en vivo al mundo panhispánico general. Cabe señalar que este portal no solamente transmite partidas, sino que el aficionado a este deporte puede jugar de manera gratuita, acceder a numerosas noticias en torno al ajedrez, así como a una base de datos, clases en línea y análisis de partidas por parte de expertos.

Es importante aclarar que la elección de los medios de transmisión de los eventos aludidos no fue una decisión que se tomara a partir de una diversidad de opciones reales y concretas. Ciertamente, dicha elección obedece a que, en cuantiosas ocasiones, los medios seleccionados[16] constituyen los escasos

---

14 Como puede advertirse, hemos tratado de que los eventos narrados sean recientes respecto de la redacción y publicación de esta obra.

15 Y por el canal de televisión latinoamericano *Claro Sports*.

16 En concreto, *Marca Claro* y *Chess.24 en Español*.

medios, a veces los únicos, que tienen los derechos de transmisión de ciertos eventos, sobre todo aquellos de carácter olímpico.

Además, el criterio que tomamos en cuenta para la elección de las crónicas antes descritas fue que el evento deportivo fuera transmitido de manera completa y que este fuera narrado en directo[17]. Si bien encontramos una diversidad de medios que transmiten eventos de las disciplinas deportivas que aquí nos ocupan, resulta sumamente difícil conseguir crónicas de eventos completos de ciertos deportes como la natación, el patinaje artístico y el ajedrez.

Ciertamente, es mucho más común encontrar programas diferidos que presentan un resumen, comentarios y opiniones diversas de los eventos deportivos ya pasados. Decidimos no tomar en cuenta este tipo de programas para nuestro corpus, porque estos son textos fónicos cuyos autores han tenido tiempo para preparar el discurso. De tal manera que el grado de espontaneidad es muy reducido. En palabras de Koch & Oesterreicher (2007: 21), aunque los programas diferidos son textos transmitidos por medio fónico (audiovisual más precisamente), las características de la concepción hablada son mínimas.

Somos conscientes de que, en la mayoría de los casos, los responsables de la crónica, tanto periodistas como especialistas, suelen tener a la mano documentos con estadísticas, resultados de competencias anteriores u otro tipo de referencias respecto del deporte y los deportistas que compiten. Estos documentos les permiten aportar información complementaria a la narración a lo largo del evento. Consideramos que a pesar de contar con este tipo de información previamente, el grado de espontaneidad de la crónica sigue siendo muy alto.

Igualmente, en la tabla 3, podemos observar cómo el número de responsables de la crónica de los diferentes eventos es un tanto desigual. Por un lado, contamos con cinco cronistas para la narración del partido de futbol, esto es un periodista principal y dos especialistas, un comentarista y un periodista en el terreno de juego. Por otro lado, solamente hay dos cronistas a cargo de narrar los eventos de tenis, natación, patinaje y ajedrez.

Lo anterior nos lleva a advertir cómo el fútbol se constituye, por mucho, como el deporte más popular. Cabe destacar que, como el evento de balompié es entre dos selecciones nacionales, quizá la televisora considera también que es importante que haya esa cantidad de cronistas involucrados en la transmisión del partido.

---

17 Cabe precisar que, si bien algunos de los responsables de las crónicas no se encontraban en el lugar de los hechos para narrar los eventos deportivos, esto no mermó en el grado de espontaneidad con el que fueron producidos los textos del corpus.

2.4 Procedimiento de análisis

Para el análisis del corpus, procedimos de la siguiente manera: en primera instancia, transcribimos quince minutos de cada uno de los eventos que conforman el corpus de nuestro estudio. En todos los casos, tomamos los primeros quince minutos de la transmisión, de tal suerte que se consideraron los comentarios previos a cada uno de los eventos[18], así como los primeros minutos de las competencias.

Para la transcripción de las crónicas, decidimos no seguir las fichas de transcripción de ningún autor o grupo de autores experto en transcripciones. Esta decisión obedece principalmente a que en nuestro estudio dejamos de lado todas las cuestiones prosódicas y nos centramos única y exclusivamente en el empleo de los marcadores discursivos.

Por lo tanto, consideramos que una transcripción sencilla, descartando alargamientos, relajación articulatoria, ascensos y descensos entonativos, resulta más que adecuada para los fines que perseguimos en esta investigación. De tal manera, transcribimos las crónicas para facilitar su lectura, usando simplemente comas para marcar las pausas breves y puntos para indicar las pausas largas.

Toda vez que se realizaron las transcripciones del corpus, nos dimos a la tarea de distinguir todos los marcadores discursivos del fragmento de cada crónica. Una vez los marcadores identificados, los clasificamos de acuerdo con las elucidaciones de los estudiosos del tema, en especial las explicaciones teóricas de Martín Zorraquino & Portolés Lázaro (1999), Calsamiglia Blancafort & Tusón Valls (2002), Garcés Gómez (2006) y Portolés Lázaro (2016).

A manera de recordatorio, a continuación, presentamos, de manera condensada, los tipos de marcadores discursivos que hemos considerado para clasificar nuestros resultados, así como sus respectivos subtipos.

a) *Estructuradores de la información*, de los cuales se derivan subtipos como comentadores, ordenadores y digresores.
b) *Conectores*, de los cuales encontramos subtipos aditivos, consecutivos, contraargumentativos, temporales, condicionales, causativos y de finalidad.
c) *Reformuladores*, de los que se advierten de subtipo explicativo, rectificativo, de distanciamiento, recapitulativo y de reconsideración.

---

18 En efecto, en la pantalla se pueden observar en todos los eventos, con excepción del ajedrez, a los diferentes deportistas realizando calentamientos antes de iniciar las actividades correspondientes al evento deportivo.

d) *Operadores argumentativos* que se escinden en operadores de refuerzo argumentativo y de concreción.

e) *Marcadores conversacionales* que se dividen en marcadores de modalidad epistémica, de modalidad deóntica, enfocadores de la alteridad y marcadores metadiscursivos conversacionales.

Posteriormente, hicimos un conteo de los tipos y subtipos de marcadores de cada una de las crónicas, así como de cada marcador discursivo. Ulteriormente, se realizó el conteo de los tipos, subtipos y marcadores de todo el corpus. Consideramos que el primer conteo nos sirve para llevar a cabo contrastes entre los marcadores más recurrentes en cada disciplina deportiva. El segundo conteo nos es de utilidad a fin de distinguir el tipo de marcadores de más alta frecuencia en el género discursivo de la crónica deportiva.

A fin de representar el número de marcadores encontrado en cada crónica y sus respectivos tipos y subtipos, nos servimos de tablas que le permiten al lector tener una visión global de los resultados, así como contrastar de manera rápida entre los marcadores registrados en cada una de las crónicas del corpus.

En algunos momentos del análisis, nos hemos servido de tablas que dan cuenta de las frecuencias tanto absolutas como relativas, a fin de mostrar la distribución de los tipos de marcadores de los que se sirven más asiduamente los cronistas de los eventos deportivos aquí examinados. Todo lo descrito precedentemente lo presentamos en el siguiente capítulo (III) del libro.

Toda vez que se llevó a cabo el conteo de los marcadores, nos ocupamos de examinar más en detalle aquellos que resultaron más asiduos en nuestros materiales. Lo anterior con el objetivo de determinar la función textual de los marcadores más comunes utilizados en diferentes contextos. Para ello, tomamos en cuenta un abanico de fragmentos textuales en donde figuran los marcadores antedichos a fin de ilustrar su uso específico. Esto lo exponemos en el capítulo IV.

Por último, comparamos nuestros resultados con aquellos de trabajos previos a fin de establecer semejanzas y diferencias en cuanto al uso de ciertos marcadores en el caso de textos fónicos y espontáneos, como es el caso de la crónica deportiva, y el uso de estos en el caso de textos escritos con mayor grado de elaboración, por ejemplo: notas deportivas, textos académicos, blogs, etc. Este último paso respecto del contraste de los resultados lo presentamos en el último capítulo del libro y nos permite exponerle al lector no solo la pertinencia de nuestro estudio, sino también su originalidad respecto de los estudios anteriores.

2.5 Síntesis del capítulo

A manera de cierre del presente capítulo, hemos de recordarle al lector los diferentes aspectos metodológicos que se han presentado y que han encaminado el estudio que exponemos en esta obra.

Primeramente, nos dimos a la tarea de describir y justificar el tipo de estudio que hemos realizado. Asimismo, presentamos las preguntas de investigación que hemos concebido con base en los objetivos que nos habíamos planteado en un inicio y que guían este trabajo.

En segundo lugar, exponemos los enfoques bajo los cuales hemos tratado de ofrecer elucidaciones teóricas de los resultados del corpus, esto es la disciplina de la lingüística de texto, así como la pragmalingüística.

En tercera instancia, hablamos de la formación del corpus con base en el cual hemos realizado la investigación. Hemos descrito los lugares, los tiempos y los eventos, cuyas crónicas constituyen el objeto de nuestro estudio.

Por último, explicamos cómo hemos procedido para llevar a cabo el análisis del corpus descrito y hemos recordado al lector la clasificación que tomamos en cuenta para categorizar los diferentes marcadores discursivos encontrados en las crónicas, así como su respectiva ejemplificación.

Capítulo III Resultados cuantitativos

En este capítulo, nos enfocamos en la presentación de los resultados de orden cuantitativo derivados de nuestro estudio. En efecto, en este espacio de la obra, mostramos tanto las frecuencias absolutas como las frecuencias relativas, en específico los porcentajes, de los marcadores discursivos registrados en el corpus completo, así como en cada una de las crónicas que lo constituyen.

En una primera instancia, damos cuenta de la cantidad total de marcadores discursivos utilizados en el corpus tanto en términos de casos como de tipos. Enseguida, distinguimos la cantidad de marcadores correspondiente a cada una de las crónicas del corpus y sus respectivos porcentajes.

Posteriormente, revelamos las frecuencias de los marcadores en cada crónica deportiva a fin de descubrir concretamente cuáles son los marcadores a los que recurren los cronistas de cada evento deportivo.

Por último, ofrecemos una perspectiva general de los resultados a través de una tabla que recupera todos los tipos de marcadores encontrados en los materiales del corpus, así como su distribución en cada una de las narraciones de las cinco disciplinas deportivas. En otras palabras, dicha tabla muestra todos los tipos de marcadores y sus respectivas frecuencias absolutas en cada crónica.

A fin de registrar única y exhaustivamente marcadores discursivos en el corpus y no elementos o partículas de otro tipo que no tengan una incidencia pragmático-discursiva, hemos decidido seguir las elucidaciones de los autores que tratan el tema de manera general (cf. Martín Zorraquino & Portolés Lázaro, 1999; Meneses, 2000; Calsamiglia Blancafort & Tusón Valls, 2002; Garcés Gómez, 2006; Portolés Lázaro, 2016), así como las explicaciones de especialistas en marcadores discursivos específicos (cf. Portolés Lázaro, 1989; Vila Pujol, 2003; Ochoa Madrid, 2012; Tanghe & Jansegers, 2014; entre otros).

3.1 Frecuencias del corpus general

En este espacio, presentamos las recurrencias de los marcadores discursivos en el corpus que nos concierne. En las cinco crónicas de eventos deportivos que conforman el corpus de estudio, registramos un total de 465 casos y 42 diferentes tipos. En lo que se refiere a los casos, estos se distribuyeron de la siguiente manera:

- Primeramente, se contabilizaron 143/465 marcadores en la narración ajedrecística. Esto significa 30.75 % del corpus completo.

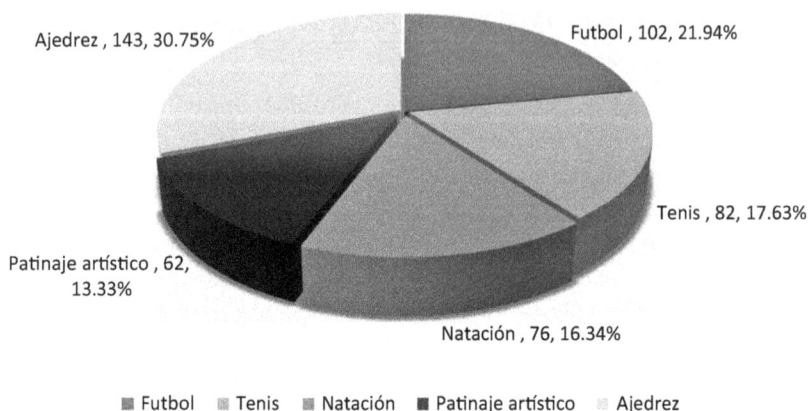

Gráfico 1. Distribución de los marcadores discursivos en el corpus

- En segundo lugar, se encontraron 102/465 en la crónica futbolística, lo que se traduce en 21.94 % del corpus.
- En tercera instancia, se identificaron 82/465 frecuencias en el relato tenístico, esto quiere decir el 17.63 % del corpus.
- Enseguida, advertimos 76/465 *tokens* en el evento olímpico de natación, estos casos representan el 16.34 % de todas las crónicas.
- Por último, se contaron 62/465 marcadores discursivos en el programa de patinaje artístico, lo que en términos porcentuales significa solamente el 13.33 % de todo el corpus.

En el gráfico 1, puede apreciarse la distribución de los marcadores discursivos en las cinco crónicas del corpus.

Por un lado, como puede observarse en el gráfico 1, la crónica dedicada al ajedrez es aquella en la que se recurre a un mayor número de casos de marcadores discursivos. Para nosotros, este resultado ha sido un tanto inesperado, pues, como hemos comentado anteriormente, ninguno de los dos cronistas son periodistas de formación. Empero, tal vez el ritmo no tan acelerado de las partidas de ajedrez ha permitido que ambos cronistas empleen un abanico de marcadores discursivos en sus narraciones.

Por otro lado, la narración enfocada en el evento de patinaje es en la que se emplea un menor número de marcadores. Consideramos que esto no es sorprendente, porque, como hemos comentado anteriormente, hay considerables periodos de silencio por parte de los cronistas, en especial al momento de la presentación de la rutina de las patinadoras.

Ahora bien, como cada uno de los fragmentos que conforman el presente corpus está constituido por un muy diverso número de palabras[19], tuvimos la iniciativa de determinar el porcentaje que constituyen los marcadores discursivos respecto del número total de palabras en cada una de las crónicas que consideramos para el corpus. En otras palabras, calculamos el porcentaje de los marcadores utilizando la siguiente operación: número de marcadores discursivos*100 / número total de palabras de cada crónica.

De tal manera, tal como se advierte en la tabla 4, en la mayoría de los fragmentos de las crónicas que tomamos en cuenta para el corpus, los marcadores discursivos constituyen un poco menos del 5 % de cada uno de dichos fragmentos con la excepción de aquel dedicado a las partidas de ajedrez. En efecto, los marcadores discursivos utilizados por los comentaristas de ajedrez resultan, de nueva cuenta, los que conforman, por mucho, el mayor porcentaje de la crónica correspondiente con 8.97 %, ya que el número total de palabras de dicha narración no es muy alto comparado con el fragmento de futbol o de natación, en cuyas crónicas se rebasan las dos mil palabras.

Asimismo, podemos observar que la crónica de natación presenta el menor porcentaje de marcadores discursivos respecto del número total de palabras con apenas 3.54 %. Mientras tanto, los porcentajes correspondientes a las crónicas de tenis, futbol y patinaje son un tanto similares, como puede apreciarse en la tabla 4.

En lo que respecta a los tipos de marcadores discursivos encontrados en el corpus, es importante advertir que la crónica ajedrecística fue, de nueva cuenta, el texto en el que se empleó un mayor número con un total de 23 *types*. En segunda instancia, los responsables de la crónica futbolística recurrieron a 20 diferentes tipos de marcadores. En tercer lugar, tanto en las competencias olímpicas de natación como en el evento olímpico de patinaje artístico se registró un total de 13 tipos en cada crónica. Por último, los narradores del evento olímpico de tenis solamente se sirvieron de 11 diferentes tipos de marcadores en el fragmento que consideramos para el corpus.

---

19 Esto debido a diversos factores como la velocidad con la que narran los responsables de la crónica, la fluidez con la que se relatan los hechos y se hacen comentarios, las pausas o silencios que se permiten, entre otros.

Tabla 4. Porcentaje constituyente de los marcadores discursivos en cada crónica

Crónica	Número de *tokens*	Número total de palabras	Porcentaje
Ajedrez	143	1,594	8.97 %
Futbol	102	2,181	4.68 %
Tenis	82	1,683	4.87 %
Natación	76	2,149	3.54 %
Patinaje artístico	62	1,462	4.24 %

Tabla 5. Síntesis de los *tokens* y *types* registrados en el corpus

Crónica	*Tokens*	*Types*
Ajedrez	143/465 (30.75 %)	23
Futbol	102/465 (21.94 %)	20
Tenis	82/465 (17.63 %)	11
Natación	76/465 (16.34 %)	13
Patinaje artístico	62/465 (13.33 %)	13

La tabla 5 muestra una síntesis de los tipos y casos de marcadores discursivos que hemos registrado en cada una de las crónicas del corpus a fin de que el lector tenga una visión global al respecto.

Tomando en consideración la propuesta de clasificación general de Martín Zorraquino & Portolés Lázaro (1999) en el capítulo I (cf. Tabla 1), podemos advertir que los conectores textuales resultan los marcadores discursivos más iterativos del corpus con un total de 250 recurrencias, esto es el 53.76 %. Estos son seguidos de los marcadores conversacionales con 153 frecuencias, lo que representa el 32.9 %. Enseguida, se observan los estructuradores de la información con un total de 57 registros, lo que se traduce en términos porcentuales como 12.26 % del corpus. Por último, solamente se contabilizaron 3 operadores

Tabla 6. Resultados cuantitativos del corpus de acuerdo con la clasificación general de Martín Zorraquino & Portolés Lázaro (1999)

Tipo de marcador discursivo	Frecuencias absolutas	Porcentaje
Estructuradores de la información	57	12.26 %
Conectores	250	53.76 %
Reformuladores	2	0.43 %
Operadores argumentativos	3	0.65 %
Marcadores conversacionales	153	32.9 %
Total	465	100 %

argumentativos y 2 reformuladores, lo que significa menos del 1 % en ambos tipos de marcadores, más en específico 0.64 % y 0.43 % respectivamente.

La tabla 6 muestra las frecuencias de los marcadores discursivos de nuestro corpus de acuerdo con la clasificación antes aludida.

Ahora bien, considerando los subgrupos que plantean Martín Zorraquino & Portolés Lázaro (1999), complementados con aquellos que proponen Calsamiglia Blancafort & Tusón Valls (2002), Garcés Gómez (2006) y Portolés Lázaro (2016) y que hemos expuesto en el capítulo de los fundamentos teóricos, observamos que los conectores aditivos resultan los más abundantes del corpus con un total de 105 registros, lo que equivale al 22.58 %. En segunda instancia, figuran los conectores textuales contraargumentativos con 70 recurrencias, mismas que significan 15.05 % de las crónicas. Enseguida, identificamos 61 frecuencias de los marcadores metadiscursivos conversacionales, es decir 13.12 %. En cuarto lugar, con un total de 55 iteraciones, esto es el 11.83 %, se encuentran los enfocadores de la alteridad. Posteriormente, se ubican los conectores consecutivos con un total de 39 registros, lo que quiere decir 8.39 % del corpus. Subsiguientemente, con 26 iteraciones encontramos los conectores causativos, lo que en términos porcentuales significa 5.59 %. Con un solo registro menos, esto es 25, se localizan los digresores, esto es 5.38 %. Asimismo, con un registro menos, esto es 24 frecuencias absolutas y 5.16 %, se ubican los marcadores conversacionales de modalidad epistémica.

El resto de los marcadores se registró con menos de veinte frecuencias, tal es el caso de los comentadores con 19 (4.09 %), los ordenadores y los marcadores conversacionales de modalidad deóntica con 13 (2.8 %) cada uno, los conectores temporales con 6 (1.29 %), los conectores de finalidad con 4 (0.86 %), los operadores argumentativos de refuerzo argumentativo con 3 (0.64 %), los

Tabla 7. Resultados cuantitativos del corpus de acuerdo con la propuesta de Martín Zorraquino & Portolés Lázaro (1999) complementada por Meneses (2000), Calsamiglia Blancafort & Tusón Valls (2002), Garcés Gómez (2006) y Portolés Lázaro (2016)

Tipo de marcador discursivo	Subgrupos	Frecuencias	Porcentaje
Estructuradores de la información	Comentadores	19	4.09 %
	Ordenadores	13	2.8 %
	Digresores	25	5.38 %
Conectores	Aditivos	105	22.58 %
	Consecutivos	39	8.39 %
	Contraargumentativos	70	15.05 %
	Temporales	6	1.29 %
	Condicionales	-	-
	Causativos	26	5.59 %
	De finalidad	4	0.86 %
Reformuladores	Explicativos	1	0.21 %
	Rectificativos	-	-
	De distanciamiento	1	0.21 %
	Recapitulativos	-	-
	De reconsideración	-	-
Operadores argumentativos	De refuerzo argumentativo	3	0.64 %
	De concreción	-	-
Marcadores conversacionales	De modalidad epistémica	24	5.16 %
	De modalidad deóntica	13	2.8 %
	Enfocadores de la alteridad	55	11.83 %
	Metadiscursivos conversacionales	61	13.12 %
Total		465	100 %

reformuladores explicativos y aquellos de distanciamiento con 1 cada uno (0.21 %). Cabe señalar que en nuestros materiales no se registró ningún conector condicional, ni reformuladores rectificativos, recapitulativos o de reconsideración, ni tampoco operadores argumentativos de concreción. Tanto las frecuencias absolutas como los porcentajes de cada subgrupo considerado en la clasificación antes aludida se muestran en la tabla 7.

En cuanto a los marcadores discursivos en concreto, hemos de señalar que destacan al menos catorce de estos en el corpus general por el número de veces que los hemos registrado. Empero, son al menos cinco marcadores los que resultan aquellos de más alta frecuencia, ya que los hemos identificado en más de veinte ocasiones.

En primera instancia, la partícula *y* resulta el marcador discursivo más frecuente con 151 recurrencias, esto representa el 32.47 % del corpus. Enseguida, encontramos que el marcador conversacional *bueno* se registra en 53 ocasiones, lo que se traduce en el 11.4 %. Con un total de 47 frecuencias se ubica el conector contraargumentativo *pero*, lo que significa 10.11 %. Posteriormente, observamos el marcador *pues* con 37 registros, esto quiere decir 7.96 %. Ulteriormente, advertimos el marcador *¿no?* con 26 frecuencias, lo que indica 5.59 % del corpus.

Otros marcadores frecuentes resultan *porque* con 18 registros, *sí* con 17, *así que* con 14, *entonces* con 12, *digamos* y *desde luego* con 7 cada uno e *incluso*, *la verdad (es) que* y *por otro lado* con 5 instancias cada uno. El conjunto de los marcadores antes referidos constituye un poco más del 85 % del corpus completo[20]. El resto de los marcadores conforma un poco menos del 15 % restante del corpus[21]. En la tabla 8, se observan las frecuencias absolutas y relativas de los marcadores que hemos presentado.

A continuación, nos enfocaremos en las frecuencias de los marcadores específicos en cada una de las crónicas del corpus. Damos inicio con la crónica futbolística, en la que, como se ha mencionado en el capítulo metodológico, intervienen cinco responsables, un periodista principal, dos especialistas, un comentarista y un periodista en el terreno de juego.

3.2 Frecuencias de la crónica de futbol

Como hemos mencionado anteriormente, la crónica dedicada al partido de futbol resultó la segunda narración con mayor número de marcadores discursivos tanto en tipos como en casos, superada únicamente por la crónica ajedrecística en ambos rubros. En efecto, los cronistas futbolísticos emplearon un total de 102 *tokens*, que representan un poco más del 21 % del corpus total, y 20 *types*.

Entre los marcadores más asiduos encontramos la partícula *y* con 31/102 (30.39 %) recurrencias, la interrogación a final de segmento o enunciado *¿no?*

---

20 Más concretamente, conforman el 86.85 % del corpus.
21 En específico, 13.15 %.

Tabla 8. Frecuencias absolutas y relativas de los marcadores más asiduos

Marcador discursivo	Frecuencias absolutas	Frecuencias relativas
Y	151/465	32.47 %
Bueno	53/465	11.4 %
Pero	47/465	10.11 %
Pues	37/465	7.96 %
¿No?	26/465	5.59 %
Porque	18/465	3.87 %
Sí	17/465	3.65 %
Así que	14/465	3.01 %
Entonces	12/465	2.58 %
Digamos	7/465	1.5 %
Desde luego	7/465	1.5 %
Incluso	5/465	1.07 %
La verdad (es) que	5/465	1.07 %
Por otro lado	5/465	1.07 %

con 11/102 (10.78 %) frecuencias, el marcador metadiscursivo conversacional *sí* con 9/102 (8.82 %) registros, el conector contraargumentativo *pero* con 8/102 (7.74 %) frecuencias, así como *pues* en su rol tanto de conector como de comentador con 5/102 (4.9 %) recurrencias, mismas que registramos con el marcador conversacional *bueno*.

Los demás marcadores se identificaron menos de cinco veces en esta crónica, estos son *porque, este, incluso, mira/mire, eh, para que, mientras que, mientras tanto, en efecto, obviamente* y *entonces*. En el gráfico 2, puede apreciarse el total de frecuencias de los marcadores discursivos que identificamos en la crónica futbolística.

3.3 Frecuencias de la crónica de tenis

En lo que concierne a la crónica tenística, que estuvo a cargo de un periodista principal y un especialista, esta resultó el tercer texto con mayor número de marcadores discursivos con un total de 82 casos que constituyen un poco más del 17 % del corpus. Cabe advertir que los cronistas de esta disciplina deportiva fueron los que recurrieron a un número menos variado de tipos de marcadores, ya que solamente encontramos 11 *types*.

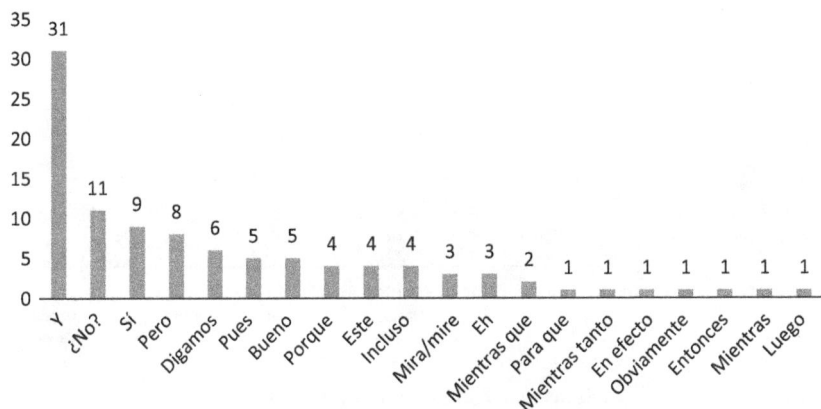

Gráfico 2. Frecuencias de los marcadores discursivos en la crónica futbolística

Al igual que en la crónica futbolística, la partícula *y* resultó el marcador discursivo más altamente empleado entre los cronistas de tenis, con 35/82 (42.68 %) frecuencias. En segundo lugar, encontramos el conector contraargumentativo *pero* con 10/82 (12.19 %) registros. Enseguida, tanto *pues* como *bueno*, cada uno con 8/82 (9.76 %) frecuencias resultaron el tercer marcador discursivo más asiduo en esta crónica.

El resto de los marcadores aquí registrados tuvo un menor número de frecuencias, estos fueron *entonces, por otro lado, así que, desde luego, de todas maneras, digamos* y *la verdad (es que)*. El gráfico 3 muestra las frecuencias de cada uno de los marcadores discursivos identificados en la crónica de tenis.

3.4 Frecuencias de la crónica de natación

En lo referente a la crónica de natación, en ella hubo un periodista principal y una especialista responsables de narrar la actuación de los nadadores de dos competencias olímpicas. En dicha crónica encontramos un total de 76 marcadores discursivos, que conforman el 16.34 % del corpus, y 13 diferentes tipos, esto es dos tipos más que los que encontramos en la crónica tenística.

Como sucede con las crónicas de futbol y tenis, en la narración de esta disciplina acuática, el marcador discursivo más frecuente resultó la partícula *y* con 29/76 (38.16 %) recurrencias. Enseguida, con 9/76 (11.84 %) registros se ubicó el marcador conversacional *bueno*. Posteriormente con 8/76 (10.53 %) frecuencias

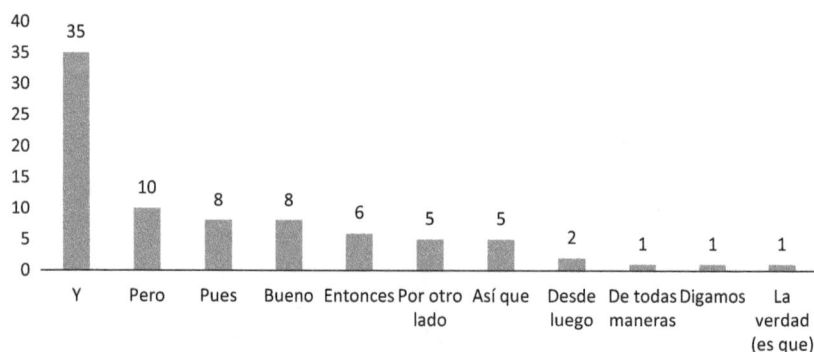

Gráfico 3. Frecuencias de los marcadores discursivos en la crónica tenística

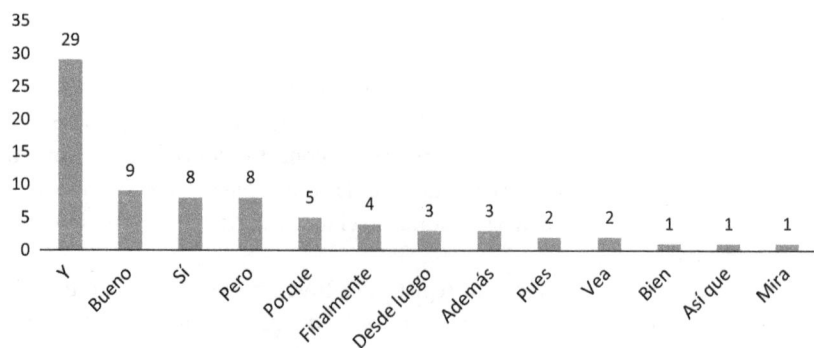

Gráfico 4. Frecuencias de los marcadores discursivos en la crónica de natación

cada uno, localizamos los marcadores *sí* y *pero*. Después de ellos, se encuentra el conector de causa *porque* que se registró un total de 5/76 (6.58 %) veces.

Los demás marcadores se encontraron en un menor número de ocasiones: *finalmente, desde luego, además, pues, vea, bien, así que* y *mira*. En el gráfico 4, mostramos las frecuencias correspondientes a los marcadores discursivos que fueron utilizados en la crónica del evento olímpico de natación.

3.5 Frecuencias de la crónica de patinaje artístico sobre hielo

Como se señaló más arriba, la crónica de patinaje artístico sobre hielo resultó el texto en el que se recurrió al menor número de marcadores discursivos, ya que

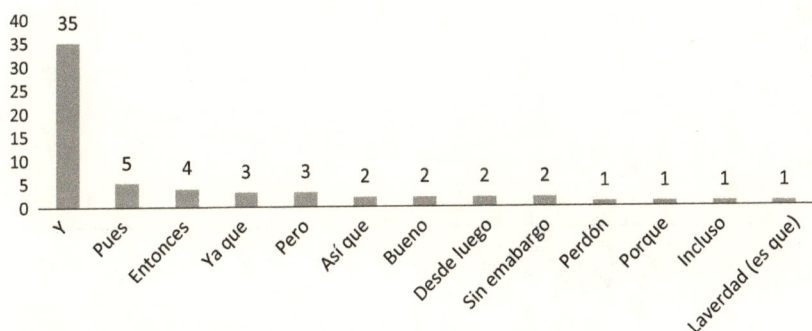

Gráfico 5. Frecuencias de los marcadores discursivos en la crónica de patinaje artístico

se registraron únicamente 62 *tokens* lo que se traduce en el 13.33 % del corpus. Sin embargo, como ya se ha mencionado, no es la crónica con menos tipos, pues en ella se identificó un total de 13 *types*, el mismo número que se registró en la crónica de natación.

Tal como sucede en las crónicas de futbol, tenis y natación, el marcador discursivo más reiterativo en estos materiales fue la partícula *y* con 35/62 (56.45 %) frecuencias. Sin embargo, a diferencia de lo que sucede en las crónicas anteriores, el resto de los marcadores registrados presenta un número reducido de casos. En efecto, muy por detrás de *y*, en segunda instancia, se ubica el marcador *pues* con apenas 5/62 registros (8.06 %). Enseguida, se sitúa *entonces* con solamente 4/62 (6.45 %) recurrencias.

Los otros marcadores presentan menos recurrencias, tal es el caso de *ya que*, *pero*, *así que*, *bueno*, *desde luego*, *sin embargo*, *perdón*, *porque*, *incluso* y *la verdad (es que)*. En el gráfico 5, se pueden observar los marcadores discursivos utilizados por los cronistas del evento de patinaje artístico sobre hielo con sus respectivas frecuencias.

3.6 Frecuencias de la crónica de ajedrez

Por último, la crónica de ajedrez, a cargo de dos especialistas en este deporte, constituye el texto no solo con el mayor número de casos de marcadores discursivos, sino también con el mayor número de tipos. En efecto, en la narración del evento ajedrecístico, registramos un total de 143 marcadores, lo que quiere decir 30.75 % del corpus.

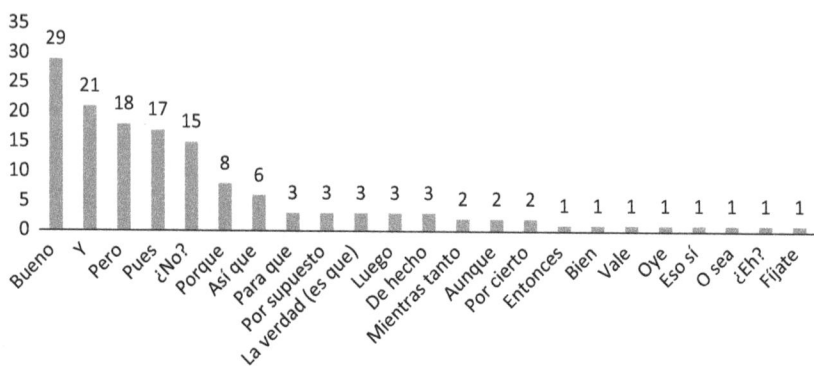

Gráfico 6. Frecuencias de los marcadores discursivos en la crónica de ajedrez

Por un lado, comparada con la narración futbolística, aquella enfocada en el ajedrez presenta cuarenta casos más de marcadores. Por otro lado, contrastada con el texto de patinaje de figura, la crónica ajedrecística despliega más del doble de los marcadores utilizados, en concreto ochenta y uno más.

Asimismo, en cuanto a los tipos de marcadores, los cronistas de ajedrez superaron, por mucho, a los responsables de las otras crónicas deportivas, ya que identificamos 23 diferentes tipos de marcadores. Esta cifra representa más del doble de los tipos de marcadores utilizados por los cronistas de tenis, diez tipos más que aquellos registrados en las crónicas de natación y patinaje. Sin embargo, solamente presenta tres tipos más de los marcadores identificados en la narración futbolística.

A diferencia de lo encontrado en las crónicas de las cuatro disciplinas anteriores, en el ajedrez el marcador discursivo más frecuente resulta el marcador conversacional *bueno* con un total de 29/143 (20.28 %) registros. Enseguida, con 21/143 (14.68 %) frecuencias, identificamos la partícula *y*. En tercer lugar, ubicamos al conector contraargumentativo *pero* con 18/143 (12.59 %) recurrencias. Posteriormente, se localiza el marcador *pues* con 17/143 (11.89 %) iteraciones en esta crónica. Ulteriormente, se sitúa la interrogación *¿no?* con 15/143 (10.49 %) frecuencias.

Los demás marcadores encontrados en esta crónica son *porque, así que, para que, por supuesto, la verdad (es que), luego, de hecho, mientras tanto, aunque, por cierto, entonces, bien, vale, oye, eso sí, ¿eh?, o sea* y *fíjate*. En el gráfico 6, se muestra la variedad de marcadores discursivos utilizados por los cronistas de ajedrez con sus respectivas frecuencias.

3.7 Distribución de los marcadores discursivos en las crónicas del corpus

Luego de haber presentado las frecuencias absolutas y relativas de los marcadores discursivos registrados en el corpus que nos ocupa, consideramos importante enfocarnos en las iteraciones que presenta cada marcador discursivo. Es por lo anterior que en la tabla 9 se muestran los 42 tipos de marcadores discursivos que identificamos en el corpus completo, así como las frecuencias absolutas de todos los marcadores en cada una de las crónicas que conforman el corpus de este estudio.

En la tabla antedicha, llaman la atención algunos resultados que vale la pena comentar. Por un lado, resulta interesante advertir cómo los cronistas de los cinco eventos deportivos tienden a recurrir principalmente a cuatro marcadores discursivos, a saber: la partícula *y*, el marcador conversacional *bueno*, el conector contraargumentativo *pero* y el marcador polifuncional *pues*. Dichos marcadores no solamente resultan los más recurrentes en nuestros materiales en términos generales, sino que además se encuentran presentes en cada una de las cinco crónicas que conforman el corpus.

Por otro lado, notamos cómo otros marcadores como *porque* y *así que*, que también son cuantiosos de manera general, se registran en cuatro de las cinco crónicas del corpus. Asimismo, se perciben marcadores como la interrogación *¿no?* y el marcador metadiscursivo *sí* que también resultan relativamente cuantiosos, con 26 registros el primero y 17 el segundo, pero solamente se identifican en dos de las cinco crónicas del corpus.

Por último, es de llamar la atención que hay un total de doce marcadores discursivos que se registran con un solo caso; mientras que hay seis marcadores con dos casos. Los marcadores con un solo *token* son *mientras, en efecto, obviamente, de todas maneras, perdón, entonces, vale, oye, eso sí, ¿eh?, o sea* y *fíjate*. Los marcadores con dos *tokens* son *aunque, por cierto, sin embargo, vea, bien* y *mientras que*.

La tabla 9 muestra las frecuencias de cada uno de los marcadores discursivos registrados en cada una de las crónicas del corpus, así como el total de iteraciones que corresponde a cada marcador.

3.8 Síntesis del capítulo

A manera de cierre, en este capítulo, hemos presentado brevemente los resultados del corpus en términos tanto de frecuencias absolutas como de porcentajes a fin de que el lector cuente con una perspectiva general de los datos encontrados.

Resultados cuantitativos

Tabla 9. Distribución de todos los marcadores discursivos en las cinco crónicas del corpus

Marcador discursivo	Futbol	Tenis	Natación	Patinaje	Ajedrez	Total
1. Y	31	35	29	35	21	151
2. Bueno	5	8	9	2	29	53
3. Pero	8	10	8	3	18	47
4. Pues	5	8	2	5	17	37
5. ¿No?	11	-	-	-	15	26
6. Porque	4	-	5	1	8	18
7. Sí	9	-	8	-	-	17
8. Así que	-	5	1	2	6	14
9. Entonces	1	6	-	4	1	12
10. Digamos	6	1	-	-	-	7
11. Incluso	4	-	-	1	-	5
12. Para que	1	-	-	-	3	4
13. Por supuesto	-	-	-	-	3	3
14. La verdad (es que)	-	1	-	1	3	5
15. Luego	1	-	-	-	3	4
16. De hecho	-	-	-	-	3	3
17. Mientras tanto	1	-	-	-	2	3
18. Este	4	-	-	-	-	4
19. Mira/mire	3	-	1	-	-	4
20. Eh	3	-	-	-	-	3
21. Mientras que	2	-	-	-	-	2
22. Mientras	1	-	-	-	-	1
23. En efecto	1	-	-	-	-	1
24. Obviamente	1	-	-	-	-	1
25. Por otro lado	-	5	-	-	-	5
26. De todas maneras	-	1	-	-	-	1
27. Finalmente	-	-	4	-	-	4
28. Bien	-	-	1	-	1	2
29. Vea	-	-	2	-	-	2
30. Además	-	-	3	-	-	3
31. Ya que	-	-	-	3	-	3
32. Desde luego	-	2	3	2	-	7
33. Sin embargo	-	-	-	2	-	2
34. Perdón	-	-	-	1	-	1
35. Aunque	-	-	-	-	2	2
36. Por cierto	-	-	-	-	2	2

Tabla 9. Continuación

Marcador discursivo	Futbol	Tenis	Natación	Patinaje	Ajedrez	Total
37. Vale	-	-	-	-	1	1
38. Oye	-	-	-	-	1	1
39. Eso sí	-	-	-	-	1	1
40. ¿Eh?	-	-	-	-	1	1
41. O sea	-	-	-	-	1	1
42. Fíjate	-	-	-	-	1	1
TOTAL	102	82	76	62	143	465

En una primera instancia, hemos querido mostrar las frecuencias respecto del corpus en general; mientras que, en un segundo momento, hemos destacado las frecuencias correspondientes a cada uno de los fragmentos de las cinco crónicas de los eventos deportivos que conforman el corpus.

Asimismo, para presentar las frecuencias de acuerdo con las clasificaciones propuestas, hemos partido de la categorización más amplia y general, para continuar con aquella de los subgrupos de cada macrocategoría y culminar con la contabilidad de los marcadores en concreto.

En el siguiente capítulo, nos ocuparemos de abundar en las clasificaciones, así como en las funciones de los marcadores más recurrentes del corpus con base en las elucidaciones de autores expertos en el tema, así como mediante la presentación de ejemplos precisos de nuestros materiales.

Capítulo IV Análisis y discusión de los resultados

El capítulo IV de esta obra tiene el objetivo de analizar los resultados que se han presentado en el capítulo anterior a la luz de los señalamientos teóricos de estudiosos de los marcadores discursivos, así como de nuestra propia observación detallada de los materiales. A fin de presentar una discusión integradora, tratando de abarcar el mayor número de marcadores discursivos que se han registrado en el corpus, primeramente, examinaremos los marcadores más iterativos para posteriormente continuar con aquellos que resultaron menos asiduos y terminar con aquellos que no han resultado nada cuantiosos.

4.1 El marcador discursivo *y*

Como hemos mencionado en el capítulo anterior, la partícula *y* resulta el marcador discursivo más frecuente del corpus con 151 frecuencias, lo que representa el 32.47 % del corpus completo. Concordamos con Vila Pujol (2003: 1093) en que este marcador discursivo es, sin duda alguna, uno de los más iterativos en textos fónicos espontáneos, pues a nivel textual despliega una diversidad de funciones, y no solo aquella de ir sumando palabras o sintagmas en su rol de conjunción.

Así pues, cabe advertir que, en el presente corpus, hemos registrado *y* como marcador discursivo única y exclusivamente cuando despliega funciones textuales y no en su función coordinante de palabras y sintagmas que, consideramos, es prototípica de su comportamiento conjuntivo. Tal como señalan Martín Zorraquino & Portolés Lázaro (1999: 4055), algunas partículas como las conjunciones llegan a desplegar múltiples funciones en ciertos contextos que no pueden explicarse desde la sintaxis oracional.

En su rol de marcador discursivo, *y* no puede negar su valor de conector aditivo en su función de junción de cláusulas e incluso de oraciones. En el fragmento de (1), advertimos la presencia de la partícula *y* de la que se sirve el especialista de la crónica futbolística para describir las acciones sucesivas que ocurren en el terreno de juego.

(1) Luis García: [...] tuvo un violentísimo golpe hace algunos meses *y* otra vez no se protege, no lo ve venir *y* no se protege *y* cae prácticamente como noqueado. [Crónica de futbol]

Otra de las funciones de la partícula *y* consiste en utilizarse para hacer una digresión o un cambio de tema (Palachi & Morais, 2020: 75). En el fragmento (2), observamos cómo uno de los especialistas de la crónica futbolística habla de cómo espera que la selección mexicana haya estudiado a su equipo rival; mientras que el otro especialista inicia su turno de habla mediante la partícula *y* para introducir una suerte de digresión, pues comenta cómo el equipo mexicano tiene un considerable número de defensas.

(2) Luis Roberto Alves: [...] esperemos que esta vez sí, el cuerpo técnico del Tata y todos hayan estudiado este Canadá, que, como bien mencionaste, en los torneos Copa Oro en el Estadio Azteca y hoy, podemos ver una actuación mejor más allá de las circunstancias adversas, climatológicamente hablando.
Luis García: *Y* de entrada, ya lo decía David y mi Warrior, había mucha gente atrás, tres centrales, dos contenciones [...]. [Crónica de futbol]

En el ejemplo (3), el cronista principal de la competencia de natación emplea la partícula *y* para terminar de hablar de una competencia final, aquella de los 100 metros estilo mariposa en la modalidad varonil, y pasar inmediatamente a la siguiente competencia final.

(3) Jorge Álvarez: Difícil, pero difícil para los otros seis finalistas, cuando tienes a un Dressel y a un Milák en una final de 100 mariposa. *Y* nos vamos a la siguiente final, Roberta. [Crónica de natación]

Asimismo, la partícula *y* se emplea con una función de digresor, como es el caso del fragmento (4), en donde *y* encabeza una oración condicional que tiene la finalidad de sugerir un movimiento de piezas que posiblemente podría producirse en la partida de ajedrez que se está narrando. Como lo señalan Palachi & Morais (2020: 81), en estos contextos la partícula *y* despliega una modalidad epistémica con una función de cambiar el tema del cual venía hablando el otro cronista.

(4) David Martínez: Esto no es lo que deben tener mirado, simplemente quitas y aunque haya ganado un peoncito, no es tan bueno, esta es la idea, mal entiendo, vale, no le tengo mucha fe a esto y si enroque, enroque.
Kevin Paveto: *¿Y* si ahora sí alfil por c3? ¿No? ¿Y caballo por e4? ¿O no puedo hacer eso? [Crónica de ajedrez]

Además de los valores aditivo y digresor de la partícula *y*, en algunos fragmentos de nuestros materiales, encontramos un valor consecutivo, como puede apreciarse en los ejemplos (5–6). En estos fragmentos, el cronista emplea el marcador *y* no solamente para añadir una acción que apenas va a acontecer y sumarla a aquellas que ya ha narrado previamente. En efecto, en el fragmento (5), la acción introducida por la partícula *y* representa también una consecuencia de que el balón haya salido de la cancha. En el ejemplo (6), la acción que sigue a la partícula *y* es también una consecuencia de que la patinadora haya perdido el equilibrio en el salto ejecutado.

(5) Christian Martinoli: […] Vásquez le pega un zurdazo por la zona izquierda en donde trataba de conseguirla Gallardo, el balón sale rebotado *y* será pelota que le corresponde a Johnston […]. [Crónica de futbol]

(6) Lilian Yedid: Este era un flip, un triple flip en secuencia en donde hizo muy bien el primer salto y el salto conector que es el medio loop. Ahí es en donde pierde el equilibrio *y* tiene la caída […]. [Crónica de patinaje]

En el corpus de crónicas deportivas, también identificamos el marcador discursivo *y* a inicio de turno de habla, sobre todo cuando se trata de una transición entre los responsables de la crónica, tal como se aprecia en (7-9). En los tres fragmentos, los cronistas toman su turno de habla iniciando con la partícula *y*, además retoman un punto específico de la intervención del cronista anterior[22].

En este sentido, coincidimos con Vila Pujol (2003: 1091), respecto del uso de *y* a inicio de párrafo, en estos casos a inicio de turno de habla, que despliega una función cohesiva entre los dos segmentos que se encarga de unir. En otras palabras, funge como un conector supraoracional que relaciona dos secuencias lingüísticas a nivel tanto semántico como pragmático. Y es que como señalan Palachi & Morais, "la posición sintáctica de *y* al comienzo de oración estaría señalando la imposibilidad de coordinación con otro sintagma u oración anterior" (2020: 75).

(7) Javier Frana: […] si le hace un poquito de presión sobre Zverev en el drive, ahí es donde se entablará otro de los duelos.
   Roberto Peláez: **Y** por lo pronto Zverev sube a la red para cerrarle los ángulos, para meter presión y provocar que Karen Khachanov busque un tiro ganador. [Crónica de tenis]

(8) Roberto Peláez: Veamos qué es lo que dicen los jueces y se está metiendo hacia el tercer lugar, ciento cuarenta y un puntos, ciento cuarenta y uno punto diecisiete para la competidora de los Estados Unidos, entonces,

---

22 A diferencia del ejemplo presentado en (2), en el cual la partícula *y*, mediante la que el segundo cronista comienza su turno de habla, introduce una aparente ruptura en el tema abordado por el primer cronista.

momentáneamente se va al tercer lugar. Ahí está precisamente el punto de deducción por la caída que acabamos de ver.

Lilian Yedid: **Y** las seis patinadoras que se han presentado hasta este momento en los Juegos Olímpicos de Lausana han tenido caídas, por lo menos una, todas tienen deducción. [Crónica de patinaje]

(9) Lilian Yedid: […] y los que han dominado el podio en estos Juegos Olímpicos de la Juventud son los rusos, en donde en todos los eventos se han parado y ya tienen medalla por lo menos dos medallas ya sea oro y plata, plata y bronce, oro y bronce, pero en todos han estado presentes.

Roberto Peláez: **Y** Japón ya les arrebató una medalla, esa que mencionabas en el individual varonil y estamos ya en el calentamiento, este es el segundo grupo, el segundo grupo de participantes. [Crónica de patinaje]

Además de la función cohesiva, observamos que *y* también llega a desplegar una función adversativa o concesiva[23], como puede advertirse en (10–11) respectivamente. En estos fragmentos, bien podríamos sustituir la partícula en cuestión por otros marcadores discursivos con una función semejante, por ejemplo, en (10) se podría sustituir por la locución conjuntiva concesiva de carácter factual *y eso que* (Martín Zorraquino & Portolés Lázaro, 1999: 3834): *[…] está bueno el otoño en Canadá, en Edmonton, tienes menos dieciséis en cuanto a sensación térmica, **y eso que** estamos en noviembre […]*; mientras que en (11) podría reemplazarse por el conector adversativo *pero*: *[…] está aprovechando esa pelota corta, llega a la red, **pero** ya no tiene opción de cruzarla […]*.

(10) Christian Martinoli: Es correcto, decíamos, con Zaguito, con el doctor, con el Inmortal, está bueno, en el otoño en Canadá, en Edmonton, tienes menos dieciséis en cuanto a sensación térmica **y** estamos en noviembre, luego te cuento por ahí de febrero cómo nos recibe el clima. [Crónica de futbol]

(11) Roberto Peláez: Es apenas el inicio de la gran final del tenis olímpico. [Karen Khachanov] está aprovechando esa pelota corta, llega a la red **y** ya no tiene opción de cruzarla […] [Crónica de tenis]

Luego de presentar los ejemplos anteriores en donde figura *y* en diferentes momentos de la narración de las diferentes disciplinas deportivas, discurrimos que este marcador se concibe como una estrategia comunicativa que contribuye a darle unidad interna al texto, desplegando incluso una función organizadora

---

23 A fin de corresponder con la terminología presentada en el capítulo I de los fundamentos teóricos, hemos incluido la función de este conector como contraargumentativo.

del discurso (Vila Pujol, 2003: 1099). En palabras de Palachi & Morais (2020: 75), cuando *y* no despliega funciones prototípicas de conjunción, actúa como una partícula asociada al discurso.

4.2 El marcador conversacional *bueno*

El segundo marcador discursivo más asiduo en el corpus es el marcador conversacional polifuncional *bueno*, con un total de 53 recurrencias, lo que se traduce en el 11.4 % del corpus. Siguiendo las observaciones de Martín Zorraquino & Portolés Lázaro (1999: 4163), este marcador ha pasado por un proceso de gramaticalización, desplegando multitud de matices y valores semánticos.

Los marcadores conversacionales son partículas discursivas que tienen una función claramente interactiva, ayudando a los interlocutores que intervienen en una conversación a mantener el contacto metacomunicativo o al menos a mostrar que esa es su intención. Estos marcadores despliegan una evidente función fática, ya que su finalidad consiste en mantener y normalizar el contacto.

Martín Zorraquino & Portolés Lázaro (1999) señalan que el marcador conversacional *bueno* puede emplearse en el marco de una modalidad deóntica, como enfocador de la alteridad, así como marcador metadiscursivo conversacional dependiendo del cotexto en el que se utiliza, así como la intención comunicativa de los usuarios.

Uno de los valores más comunes es aquel de admitir lo que señala el interlocutor a fin de seguir en la misma línea de su discurso (Martín Zorraquino & Portolés Lázaro, 1999: 4162). Esto puede observarse en el ejemplo (12), en donde uno de los cronistas de las partidas de ajedrez advierte cómo una determinada situación final en el juego no le parece muy convincente; mientras que el segundo interlocutor admite lo anterior a través del marcador *bueno* y continúa el discurso en el mismo sentido.

(12)　David Martínez: […] pero la verdad que el final de alfiles de distinto color no me llama mucho la atención para que alguno de los dos gane, no sé.
　　　Kevin Paveto: **Bueno**, no le tenemos fe, vamos a ser sinceros, no vamos a engañar aquí a nadie. [Crónica de ajedrez]

Asimismo, concordamos con Maldonado & Palacios (2015: 97) en que otras funciones pragmáticas relevantes de *bueno* en el corpus de las crónicas deportivas consisten en a) corregir algo que se ha dicho anteriormente (13), b) expandir el discurso del cronista que acaba de intervenir (14), así como c) introducir un nuevo tema en la crónica deportiva (15).

En el fragmento de (13), la especialista del evento acuático se sirve del marcador *bueno* para corregir algo que ha señalado con anterioridad. En particular, la cronista rectifica que no ha sido un año complicado y precisa que, en realidad, ha sido más de un año, concretamente casi un año y medio.

(13) Roberta Rodríguez: [...] después de un año tan complicado, Jorge, amigos que nos escuchan a través de Claro Sports y Marca Claro, *bueno* más de un año, casi prácticamente un año y medio, pues se han establecido marcas en algunas de las pruebas, en algunas se esperaban, en otras no. [Crónica de natación]

En el ejemplo (14), uno de los especialistas de futbol señala que hay entre el público un aficionado con la playera de un club local de México. El periodista principal retoma esta afirmación para abundar en el suceso e incluso bromear al respecto.

(14) Luis Roberto Alves: Trae la playera del América. Mira, estamos en todas partes. Me gusta.
Christian Martinoli: ***Bueno***, ni en Canadá nos libramos. Todo listo, un juego fundamental. [Crónica de futbol]

El segmento (15), la especialista en natación señala lo que se observa en la pantalla de televisión, pues se visualiza al nadador guatemalteco, y recurre al marcador conversacional *bueno*, precedido de la partícula *y*, para poder cambiar de tema en su turno de habla. Dichos marcadores discursivos le permiten hablar ahora de los récords mundiales.

Cabe advertir que en este ejemplo *bueno* despliega una función de *window opener*, como lo proponen Maldonado & Palacios (2015: 99), pues en lugar de continuar hablando sobre el tema que se está presentando, el marcador *bueno* le permite a la cronista abrir un nuevo espacio discursivo e introducir un nuevo tema en la narración. En otras palabras, como sucede con la partícula *y*, el marcador *bueno* también permite hacer digresiones en el texto sin que los receptores perciban una ruptura discursiva.

(15) Roberta Rodríguez: [...] teníamos en pantalla justamente al nadador de Guatemala que estará en esta gran final de los 100 metros mariposa, *y bueno*, hablando del tema de los récords, tres récords mundiales establecidos, hasta el día de hoy, diecisiete olímpicos se rompieron veintiséis veces [...]. [Crónica de natación]

Tal como sucede en el ejemplo (15), en nuestros materiales, observamos que este marcador conversacional tiende a ser utilizado junto con otros marcadores discursivos de diversa índole. En efecto, de las 53 instancias en las que registramos este marcador, en 36 ocasiones se lo emplea junto a otros marcadores; mientras que solamente 17 veces se usa como marcador único.

En el fragmento (16), se observa el marcador conversacional en cuestión precedido de la partícula *y*. Ambos marcadores permiten al hablante preparar al oyente al cierre de su intervención, pues en la crónica se presenta la rutina de la patinadora y los cronistas guardan silencio durante la mayor parte de esta, a fin de que el televidente pueda disfrutar de la actuación de la patinadora.

(16) Roberto Peláez: Aquí está la presentación de Kate Wang, la jovencita que decíamos, de 14 años de edad y ella vive en San Francisco, uno cuarenta y ocho de estatura, no llega al metro y medio, *y bueno*, vamos a ver aquí lo que nos ha preparado con 'Doctor Zhivago Suite' en su música de este programa libre. [Crónica de patinaje]

El ejemplo (17) presenta el marcador *bueno* precedido del conector contraargumentativo *pero*. En dicho fragmento, como afirma Gonzalo Gómez (2013), el valor más común es el de aceptación o conformidad resignada, pues se implica que no hay nada que pueda hacerse para modificar la situación, en este caso que el campeón Magnus Carlsen no juegue en la décimo tercera ronda del evento ajedrecístico.

(17) Kevin Paveto: Sí, tenemos unos matches por demás importantes con partidas que se van a jugar hasta el final, como adelantamos ayer y, sí, una lástima que Magnus no juegue, *pero bueno*, así a veces son las cosas, lamentablemente. [Crónica de ajedrez]

En el segmento de (18), el marcador *bueno* es seguido del estructurador de la información digresor *por cierto*. Entre ambos se encargan de interrumpir el hilo del discurso presentado por el primer cronista e introducir un nuevo tema. Empero, dicha digresión está ligada con la información previa.

(18) David Martínez: Hasta que Bill aprenda español, si luego ya.
Kevin Paveto: Por supuesto, ahí estamos de acuerdo.
David Martínez: *Bueno, por cierto*, hay que decir, nosotros queremos que estén con nosotros, por supuesto, pero también hay que decir que parece que Magnus se va a pasar en algún momento por la retransmisión en inglés. [Crónica de ajedrez]

Así como hemos visto que el marcador conversacional *bueno* puede hacerse acompañar de otro marcador, en nuestros materiales también lo hemos identificado antecedido de uno y seguido de otro, como sucede en (19–21). En efecto, este marcador se encuentra precedido de la locución conjuntiva con valor consecutivo *así que* y es seguido por el comentador *pues* en el fragmento (19). La relación que se produce entre el primer segmento y el segundo es de explicación-deducción (Álvarez, 1999: 3793). En otras palabras, la posibilidad de que Khachanov sea el segundo ruso en ganar una medalla de oro olímpica es explicada o deducida como un dato curioso.

(19) Roberto Peláez: Khachanov intenta convertirse en el segundo ruso que gana la medalla de oro olímpica, Yevgueni Káfelnikov ya lo hizo en Sydney 2000. ***Así que, bueno, pues*** ahí están datos curiosos [...]. [Crónica de tenis]

En los ejemplos (20–21), se observa el marcador *bueno* precedido del conector contraargumentativo *pero*, en (20) es seguido del ordenador estructurador de la información *finalmente*; mientras que en (21) es seguido del comentador estructurador de la información *pues*. En ambos casos, se advierte el valor de aceptación o conformidad (Gonzalo Gómez, 2013). Empero, cabe señalar que en (20) existe una idea de resignación, ya que en el segmento previo a los tres marcadores discursivos se observa la prótasis de una condicional no factual: *si hubiera tenido dos metros más de alberca*. En el caso de (21), existe una idea concesiva en donde el cronista admite que lo que acaba de decir son meras anécdotas; sin embargo, estas resultan reveladoras.

(20) Roberta Rodríguez: [...] y finalmente, Milak si hubiera tenido dos metros más de alberca alcanzaba al nadador de los Estados Unidos, ***pero bueno, finalmente***, quedaron ya establecidas las marcas, los registros, gran prueba la que tuvimos el día de hoy, el récord mundial se queda en manos de Caeleb Dressel. [Crónica de natación]

(21) Roberto Peláez: Y veremos entonces si logra hacer lo mismo que Belinda Bencic el día de ayer subiendo a lo más alto del pódium para recibir una medalla dorada en estos Juegos Olímpicos de Tokio, cosas curiosas, anécdotas, estadísticas, ***pero bueno, pues*** algo revelan. [Crónica de tenis]

4.3 El conector contraargumentativo *pero*

El tercer marcador discursivo más frecuente en nuestros materiales resulta el conector contraargumentativo *pero* con un total de 47 recurrencias, lo que se traduce como el 10.11 % del corpus. Ciertamente, el español cuenta con una multitud de conectores con valor adversativo, tales como *empero, no obstante, a pesar de (que)*, *al contrario*, *aunque*, etc., sin embargo, los cronistas de los diferentes eventos deportivos muestran una preferencia por el conector *pero*.

De acuerdo con Martín Zorraquino & Portolés Lázaro (1999: 4093), un conector se concibe como un marcador discursivo que tiene la tarea de relacionar dos miembros discursivos textual y pragmáticamente. Gracias al valor semántico del conector, el receptor del texto podrá inferir la unidad semántica y pragmática que se ha generado entre los tres elementos involucrados, esto es los dos miembros discursivos y el conector en cuestión.

Los conectores contraargumentativos, en concreto, tienen la función de presentar el segundo miembro discursivo como "supresor o atenuador" de cualquier consecuencia o conclusión que pudiera derivarse a partir del primer miembro (Martín Zorraquino & Portolés Lázaro, 1999: 4109).

En el marco de los conectores contraargumentativos, Calsamiglia Blancafort & Tusón Valls (2002) proponen cuatro subtipos de conectores: a) oposición, b) sustitución, c) restricción y d) concesión. El conector *pero* se ubica en el primer subtipo. Por su parte, Montolío Durán (2001: 49) también propone cuatro subtipos, dos desde una perspectiva semántica y otros dos desde una perspectiva sintáctica.

Con base en una perspectiva sintáctica, existen conectores integrados y conectores parentéticos. Los primeros se unen a la cláusula mediante una conjunción o una preposición; mientras que los segundos se insertan en las cláusulas y tienen oportunidad de desplazarse, este es el caso específico de *pero*. Desde una perspectiva semántica, la autora propone un tercer grupo en el que el segundo segmento discursivo tiende a corregir algo expuesto en el primer segmento. El último grupo propuesto lo conforman conectores que no son propiamente contraargumentativos, pero que en ciertos contextos pueden desplegar dicho valor.

Ahora bien, en lo tocante específicamente al conector *pero*, Ochoa Madrid (2012: 120) señala que este se encarga de contraponer dos cláusulas o dos oraciones, como se observa en (22–25). Cuando el cronista hace uso de este conector, intenta dar cuenta de un cambio de dirección en el curso de su narración. Dicho cambio se produce respecto de lo afirmado anteriormente.

En el fragmento (22), la especialista de natación señala que es importante comenzar fuerte la competencia, sin embargo, abusar de ello trae consecuencias negativas. En el ejemplo (23), el periodista en el terreno de juego del partido de balompié advierte que, aunque hay relativamente poca gente en el estadio, el ambiente es sensacional. En (24), el cronista de ajedrez señala que desea que el teleauditorio siga la narración en español, no obstante, debe anunciar que el campeón de ajedrez estará presente en la crónica en inglés, lo que implica que el público quiera seguir esta última transmisión.

(22) Roberta Rodríguez: [...] una prueba en donde tienen que dosificar el esfuerzo, Jorge. Es importante abrir fuerte, **pero** no pueden abusar de esto, si no, no van a alcanzar a regresar. [Crónica de natación]

(23) Carlos Guerrero: Sí, un gran ambiente en Edmonton, poco importado al público, que se ha hecho presente en este mueble, el tema del clima, desde temprana hora fueron llegando de a poco, calculamos aproximadamente unos veinticinco mil, treinta mil espectadores, no sé si vaya a seguir llegando gente, **pero** el ambiente es sensacional [...]. [Crónica de futbol]

(24) David Martínez: Bueno, por cierto, hay que decir, nosotros queremos que estén con nosotros, por supuesto, **pero** también hay que decir que parece que Magnus se va a pasar en algún momento por la retransmisión en inglés. [Crónica de ajedrez]

Además de los fragmentos anteriores en donde el valor de este marcador discursivo es contraargumentativo, también observamos ejemplos, como los de (25-26), en los que *pero* despliega un valor de enfatizador (Ochoa Madrid, 2002: 121). En ambos ejemplos, *pero* no explicita concesión y oposición, sino que se emplea para reforzar la valoración del enunciado expresada a través de un adjetivo, en (25) *difícil* y en (26) *hermoso*.

(25) Jorge Álvarez: Bien, pues sí, estamos viviendo la era post Phelps y tenemos los nuevos héroes tanto a Dressel como a Milák. Difícil, **pero** difícil para los otros seis finalistas, cuando tienes a un Dressel y a un Milák en una final de 100 mariposa. [Crónica de natación]

(26) Lilian Yedid: Con este hermoso, **pero** hermoso Biellmann cierra su rutina. [Crónica de patinaje]

Al igual que sucede con el marcador conversacional *bueno*, el marcador discursivo *pero* también es utilizado junto con otros marcadores. Ciertamente, no pretendemos repetir los ejemplos (17), (20) y (21), en los que hemos visto cómo *pero* es seguido de *bueno*[24] para desplegar una función de aceptación o conformidad resignada (Gonzalo Gómez, 2013), tal como se observa en el ejemplo (27), en el que el comentarista de la crónica retoma sus tiempos de futbolista

---

24 Cabe recordar que, en el ejemplo (20) después de *bueno* también encontramos el marcador *finalmente*; mientras que en (21) luego de *bueno* se observa el marcador *pues*.

para expresar resignadamente su deseo de haber jugado en ciertas condiciones climáticas que nunca se le presentaron.

(27) Jorge Campos: Este es el momento para jugar, nada de que tengo calor, hace calor. No, no, no. El frío es mental. Yo siempre quise jugar a esta temperatura, ***pero bueno***, nunca se me dio. [Crónica de futbol]

Además de los ejemplos antes aludidos, podemos observar los fragmentos (28–31). En el caso concreto de (28), *pero* se encuentra seguido del reformulador de distanciamiento *de todas maneras*. Como señalan Martín Zorraquino & Portolés Lázaro (1999: 4132), este reformulador de distanciamiento, como muchos otros, presenta el primer segmento como una posible manera para llegar a una conclusión específica: *que Khachanov parece haber superado pruebas más difíciles para llegar a la final*. Sin embargo, su presencia nos lleva a inferir que nada va a impedir la conclusión que se enuncia en el segundo segmento: *que los dos tenistas llegan en buena forma y con ilusión de ganar*.

(28) Javier Frana: Es cierto que Khachanov ha tenido mayores sucesos en el frente a frente, sobre todo los últimos dos, ***pero, de todas maneras,*** llegan de muy buena forma los dos con una enorme ilusión y sobre todo veíamos el camino de Zverev que el único set que ha cedido fue justamente ese primer ser frente a Novak Djokovic en semifinales. [Crónica de tenis]

En el fragmento (29), *pero* es seguido del conector *luego*. En este ejemplo, es claro tanto el valor de contraargumentación que presenta el conector *pero*, como el valor temporal de posterioridad de *luego*.

(29) David Martínez: Ahora mismo es ese momento donde quieres morir, donde ves la luz, ves una luz en vez de un tablero que te dice ven hacia aquí, Divis, ***pero luego***, se me acaba pasando. [Crónica de ajedrez]

En el fragmento (30) el conector *pero* se hace seguir del ordenador del discurso *por otro lado*. Entre ambos marcadores discursivos no solo se encargan de complementar la idea expresada en el primer segmento del discurso, sino también de expresar un valor de contraargumentación. En efecto, en este ejemplo, se comparan las características de los dos tenistas que se disputarán la final de los juegos olímpicos para señalar que el partido es muy equilibrado.

(30) Javier Frana: No, la verdad es que creo que es muy equilibrado este encuentro, los dos son muy potentes, me da la sensación que lógicamente Zverev tiene una cuestión de trayectoria, de jerarquía también en cuanto al ranking, ***pero, por otro lado*** la potencia de Khachanov mostrada a lo largo de

sus años, pero por sobre todas las cosas la regularidad y la velocidad en semifinales, creo que también lo pone, lo eleva en cuanto a las posibilidades [...]. [Crónica de tenis]

El ejemplo (31) presenta el conector contraargumentativo *pero* seguido de la partícula discursiva de modalidad epistémica *la verdad que*. Por un lado, *pero* le imprime un valor contraargumentativo a los dos segmentos enunciados por el cronista ajedrecístico. Por otro lado, la locución adverbial *la verdad que*, en estos contextos, nos parece que refuerza la idea de contraargumentación presentada por el conector *pero*, pues coincidimos con Santos (2003: 646), en cuanto a que esta partícula puede anticipar "una restricción adversativa fuerte".

(31) Kevin Paveto: Supongo que dama por dama y alfil e5 se debe poder jugar, porque decía que poner la torre en d7 no debe ser tan bueno, **pero, la verdad que** el final de alfiles de distinto color no me llama mucho la atención para que alguno de los dos gane, no sé. [Crónica de ajedrez]

4.4 El marcador discursivo *pues*

El cuarto marcador discursivo más frecuente en las crónicas del corpus es *pues* con un total de 37 frecuencias, lo que representa 7.96 % del corpus. Se trata de una unidad completamente polifuncional (Grajales Alzate, 2011: 27). Entre los diferentes valores y funciones, *pues* es concebido como un comentador, ya que en la oralidad es muy común que los hablantes recurran a este marcador discursivo para mantener su turno de habla y poder construir su texto.

Respecto de los comentadores, se trata de marcadores que tienen la tarea de preparar al receptor del texto a un nuevo comentario que se insertará al miembro discursivo anterior sin que se perciba una ruptura en la unidad textual. El comentario añadido normalmente pertenece a una nueva temática que puede o no estar relacionada con la temática anterior (Martín Zorraquino & Portolés Lázaro, 1999: 4083).

Como se observa en los ejemplos (32–34), *pues* es empleado para introducir un nuevo comentario con cierta información que complementa el discurso previo, aunque no forzosamente del discurso inmediato. De acuerdo con Portolés Lázaro (2001), cuando **pues** funciona como comentador no puede considerarse una conjunción, sino que se concibe como una unidad extraoracional con funciones claramente discursivas.

De acuerdo con Dorta & Domínguez (2001: 45), esta función de *pues* es organizadora porque dicho marcador se encarga justamente de ordenar la estructura del discurso, permitiendo que el autor pueda introducir un nuevo aspecto del tema en su texto y lo organice recurriendo a este marcador.

Si comparamos la función organizadora de *pues* que plantean Dorta & Domínguez (2001) con la función de *pues* como comentador en la propuesta de Martín Zorraquino & Portolés Lázaro (1999) y Portolés Lázaro (2001), observamos que hay una correspondencia, ya que ambas elucidaciones señalan que *pues* permite introducir un nuevo aspecto en el texto.

Esta función estructuradora del discurso se advierte tanto con *pues* como único marcador discursivo, como se observa en (32) y (34), así como cuando este es precedido del marcador conversacional *bueno*, como se aprecia en (33).

En el caso de (32), el cronista principal hace referencia a la juez de silla en el partido de tenis y luego de disputarse un punto, retoma su discurso señalando que se va a presentar el primer punto de quiebre para uno de los jugadores.

(32) Roberto Peláez: Alison Hughes es la juez de silla, encargada de dirigir esta final olímpica en Tokio.
[se disputa un punto]
Roberto Peláez: *Pues* aquí se va a presentar entonces la primera oportunidad de quebrar, es para Zverev, aquí está el alemán. [Crónica de tenis]

En el ejemplo (33), el comentarista principal de patinaje artístico ha presentado a los dos responsables de la crónica y para cambiar de tema de manera sutil y volver a hablar de patinaje, específicamente de una de las patinadoras del evento, recurre tanto al marcador conversacional *bueno*, como al comentador *pues*. Ambos marcadores discursivos permiten reubicar la crónica luego de la pequeña digresión que se ha permitido el cronista principal.

(33) Roberto Peláez: [...] entonces Lilian Yedid y su servidor, Roberto Peláez, encabezados en esta ocasión todo el staff de producción. *Bueno, pues*, aquí está ya Ekaterina Rybalova, Ryabova, perdón, de Azerbayán que es una de las participantes en esta gran final. [Crónica de patinaje]

En el ejemplo (34), el cronista principal del partido de futbol está hablando de los golpes que se ha llevado el jugador mexicano en cada partido que ha tenido con la selección de su país, posteriormente, recurre al comentador *pues* para describir la jugada en la que dicho jugador acaba de recibir el golpe más reciente.

(34) Christian Martinoli: Y en Italia pegan como en la Concacaf, eso está clarísimo. El Chucky, se va llevando cada retrato en partido tras partido y eso que acá, Henry, *pues* sí hay un desplazamiento y lo gastan, hasta la

aguanta, lo que pasa es que como va volando ya, lo agarra muy mal y sale maltratado. [Crónica de futbol]

Otro valor con el que *pues* se utiliza en el corpus es como conector. Anteriormente, hemos señalado que los conectores funcionan como una suerte de 'pegamento semántico' entre al menos dos segmentos discursivos (De Vega, 2005: 86). Los conectores resultan de vital importancia en la construcción del significado del discurso, ya que relacionan tanto semántica como pragmáticamente dos elementos del discurso, esto es, secuencias de constituyentes que exceden el límite de unidades como palabra, frase u oración (Martín Zorraquino & Portolés Lázaro, 1999: 4093).

En el caso concreto de *pues*, identificamos su función como conector de causa-consecuencia, más específicamente de causa, tal como se advierte en los ejemplos (35–36). En el fragmento (35), *pues* sirve de enlace entre el miembro del discurso anterior[25] y el miembro que precede dicho conector[26] a fin de presentar la causa de la aseveración anterior.

(35) Roberto Peláez: Así que, ahí están el camino, algunos datos de estos dos jugadores, un partido que luce muy parejo, así lo dice incluso también Javier, ***pues*** en el *head to head*, se han enfrentado cuatro veces, dos triunfos de cada lado. [Crónica de tenis]

En (36), el conector ***pues*** retoma el hecho o consecuencia, el campeón de ajedrez Magnus Carlsen no participa en dicha ronda del evento, para presentar la causa antecedida por el conector *pues*: su rival Dubov dio positivo en COVID y no juega. Tanto en esta instancia como en la anterior, el conector ***pues*** podría ser fácilmente remplazado por el conector causal *porque* y parafrasearse de la siguiente manera: *a) El partido luce muy parejo **porque** en los cuatro juegos que se han enfrentado ha habido dos triunfos para cada uno* y *b) Carlsen no está jugando hoy, **porque** Dubov dio positivo en COVID y no juega hoy.*

(36) David Martínez: Carlsen no está jugando hoy, ***pues*** Dubov dio dispositivo en COVID y no juega hoy, pero tenemos el resto de partidas y tenemos al Gran Kevin con nosotros para seguir esta última ronda hoy dos horas antes por lo que esperamos, Kevin, que falte gente ¿no? [Crónica de ajedrez]

---

25 En donde el cronista advierte que el partido entre los dos tenistas luce muy parejo, como un hecho o consecuencia.

26 En donde se señala que en los cuatro enfrentamientos que han tenido estos dos jugadores ha habido dos triunfos para cada uno.

Por último, en nuestros materiales también registramos este marcador discursivo en una función metadiscursiva. Dicha función es propuesta por Grajales Alzate (2011) y resulta muy frecuente en el marco de textos orales espontáneos en los que el autor se permite demarcar y ordenar su texto, regulando su discurso e incluso permitiéndose retrasar la comunicación.

> Los marcadores metadiscursivos se encuentran en la conversación para procurar su buen funcionamiento, en el sentido de que ayudan a demorar una reacción, retener la palabra ante una posible intervención del interlocutor o planear la intervención. El hecho de que el marcador 'pues' vaya entre pausas en su función metadiscursiva contribuye a la detención del discurso para estos propósitos (Grajales Alzate, 2011: 37).

En esta función metadiscursiva, observamos los fragmentos de (37–38). En (37), el cronista principal del evento de patinaje artístico recurre dos veces al marcador *pues* a fin de mantener su turno de habla y de continuar con fluidez su discurso[27].

(37) Roberto Peláez: Amigos de Claro Sport, sean bienvenidos, estamos en los Juegos Olímpicos Invernales de la Juventud de Lausana 2020. En un momento más, tendremos, *pues*, esta gran final. Habrá medallas en el patinaje artístico, en la prueba individual femenil, el programa libre. Así que en unos momentos más ya estaremos viéndolas participar, estamos viendo más de una participante, están haciendo sus movimientos de calentamiento, van a empezar, *pues*, ya la competencia en un momento más. [Crónica de patinaje]

En el caso de (38), el cronista recurre al marcador *pues* para mantener su turno de habla y poder continuar con la idea de contraste que quiere formular entre los ajedrecistas Rapport y Caruana. Dicho contraste se expresa a través del marcador *mientras tanto*.

(38) David Martínez: Veremos a Rapport qué ideíllas nos trae; mientras tanto, *pues*, Fabi la línea esta c5 contra alfil f4 cambian todo, peón aislado para Fabiano Caruana, peón aislado, que muchas veces no dura mucho, porque las negras juegan con caballo c6 y d4. [Crónica de ajedrez]

Respecto de esta última función que hemos elucidado en torno a *pues*, hemos de señalar que los cronistas deportivos de nuestro corpus prefieren, por mucho,

---

27 Como puede advertirse en los ejemplos, ponemos el marcador *pues* entre comas para representar la pausa que se permite hacer el hablante a fin de mantener su turno de habla.

recurrir a este marcador discursivo en lugar de otros. En efecto, los comentaristas de nuestros materiales parecen haber tratado de evitar el uso de marcadores metadiscursivos conversacionales como *este* y *eh*[28] quizá por considerarlos expletivos o muletillas[29] que suelen estar vacíos de significado de acuerdo con las enseñanzas que han recibido en el marco del periodismo audiovisual (cf. Ramírez, 1995; García Orta & Tellechea Rodríguez, 2010).

4.5 El marcador conversacional *¿no?*

El marcador discursivo conversacional *¿no?* es utilizado 26 veces en nuestros materiales, lo que se traduce como el 5.59 % del corpus. Si bien este marcador es recurrente, solamente es utilizado en las crónicas de dos eventos deportivos, a saber: el juego de balompié y la partida de ajedrez. En concreto, son cuatro los cronistas que hacen uso de este marcador.

De acuerdo con Martín Zorraquino & Portolés Lázaro (1999: 4188), este *no* en polaridad interrogativa es considerado un marcador conversacional enfocador de la alteridad junto con *¿verdad?* y *¿eh?*[30], más específicamente "apéndices comprobativos" siguiendo las propuestas de Ortega Olivares (1985).

Estos apéndices comprobativos comparten algunas propiedades con las partículas modales deónticas (como *vale*, *de acuerdo*), pero también difieren de ellas porque, en realidad, no exigen forzosamente una respuesta por parte del interlocutor.

Tanto *¿no?* como *¿verdad?* y *¿eh?* son unidades discursivas que son empleadas por el autor del texto al final de un segmento a fin de obtener de parte de sus interlocutores cierta aprobación, asentimiento, comprensión e incluso hasta cierta complicidad respecto del segmento discursivo que acaban de emitir (Martín Zorraquino & Portolés Lázaro, 1999: 4188).

---

28 Resulta sorpresivo para nosotros observar que el marcador conversacional *este* se haya registrado solamente en cuatro ocasiones; mientras que el marcador *eh* en tres ocasiones. Ambos marcadores conversacionales se distinguen únicamente en la crónica futbolística y solamente son expresados por los dos especialistas. Dichas frecuencias nos resultan sorprendentemente bajas en nuestros materiales, a pesar de tratarse de textos fónicos espontáneos.

29 De acuerdo con Cortes Rodríguez (1991), los expletivos son voces vacías de significado que se emplean como una suerte de "salvavidas en el naufragio del discurso humano" (1991: 28); mientras que las muletillas son consideradas el uso abundante e inconsciente de dichos expletivos.

30 Que también aparecen en nuestros materiales, pero en menor medida.

Ahora bien, si nos enfocamos específicamente en el marcador conversacional *¿no?*, Ramírez Bravo (2019) advierte lo siguiente:

> En los actos de habla, *¿no?* al final del enunciado es un marcador desprovisto de contenido léxico pleno, dicha expresión "niega" e interroga; busca comprobar o certificar la validez del enunciado; es un indicador fático cuyo propósito es constatar que el receptor recibe el mensaje; al final de enunciados asertivos enfatiza la veracidad del contenido del mismo, promueve en el interlocutor la ratificación o aprobación del enunciado por parte del interlocutor (Ramírez Bravo, 2019: 73).

En los ejemplos (39–40), observamos que los comentaristas de futbol y ajedrez respectivamente recurren a dicho marcador dos veces en sus intervenciones. Como bien advierten tanto Martín Zorraquino & Portolés Lázaro (1999) como Ramírez (2019), a través de este marcador ambos hablantes buscan hacer hincapié en la veracidad de lo que acaban de enunciar, asegurar la recepción de dicho mensaje, así como la aprobación por parte de sus interlocutores correspondientes.

(39) Luis García: Hay mucha gente en ese saque de banda, Gallardo se tarda mucho y daría la impresión que, por eso, Escobar no la ve, *¿no?* Henry va con todo, es un tipo que le saca varios centímetros a Lozano. Sí, entra con el hombro, lo que pasa es que Lozano queda muy, muy, este, frontal y muy exhibido *¿no?* Es expuesto, sí es falta y hasta ahí, nada más. [Crónica de futbol]

(40) Kevin Paveto: Bien, terminándose el torneo, hoy en un horario superatípico *¿no?* Dos horitas antes, bueno, es atípico para los que estamos en América *¿no?* Latinoamérica es muy temprano, pero, bueno, acá estamos con las mismas ganas de siempre. [Crónica de ajedrez]

Con base en la observación de los ejemplos anteriores, podemos dilucidar que los apéndices comprobativos, en concreto *¿no?*, juegan un papel relevante en la interacción conversacional entre los diferentes responsables de las crónicas deportivas. Asimismo, como bien señalan Martín Zorraquino & Portolés Lázaro (1999: 4188), hay incluso una búsqueda de cierta complicidad en los demás responsables de la crónica respecto del segmento discursivo que acaban de enunciar los cronistas mediante el uso de este marcador.

4.6 El conector *porque*

El conector *porque* fue registrado en nuestros materiales un total de 18 ocasiones, lo que significa 3.87 % del corpus. Como hemos señalado anteriormente, los conectores se encargan de unir semántica y pragmáticamente diversas unidades lingüísticas del discurso. De Vega (2005: 86) afirma que "los conectores no se limitan a indicar que existe una relación formal (v.g., sintáctica) entre dos unidades lingüísticas, sino que inducen al lector a construir un tipo de relación semántica particular entre dos eventos".

En relación con los conectores de causa-consecuencia, para Montolío Durán (2001: 101), estos ofrecen al receptor del texto una demostración o conclusión mediante una premisa concreta. Según Sánchez Avendaño (2005: 187), hay un vínculo indisociable entre las oraciones causales y aquellas consecutivas, por ende, para algunos autores es preferible proponer clasificaciones integradoras para los conectores que despliegan ambos tipos de valor.

Sin embargo, Galán Rodríguez (1999) señala que es posible considerar los conectores con un valor semántico causativo y propone dos tipos de oraciones de causa en las que se emplean dichos conectores con base en cuestiones sintácticas, semánticas y pragmáticas, a saber: a) oraciones causales integradas y b) oraciones causales periféricas. Las primeras dependen mayormente del verbo de la oración principal que las segundas.

Por un lado, las causales integradas, como su nombre lo indica, se integran al predicado verbal; mientras que las causales periféricas no. Además de lo anterior, las causales periféricas señalan que el primer miembro discursivo constituye la explicación "más o menos razonable" del segundo miembro discursivo (Galán Rodríguez, 1999: 3608).

Para este autor, *porque* se constituye como un conector que pertenece a las causales periféricas y que normalmente precede el segundo miembro discursivo. Empero, cabe aclarar que la configuración sintáctica de *porque* depende sustancialmente de la intención comunicativa del interlocutor y del énfasis que este quiera imprimir a los diferentes miembros discursivos que conforman su mensaje.

En los fragmentos (41–43), podemos apreciar el uso del conector *porque* con valor causal. Asimismo, se puede observar que el miembro discursivo precedido por el conector en cuestión es justamente el segundo miembro en la relación de causa-consecuencia. Esta posición es la misma para los fragmentos textuales en los que identificamos el conector *porque* en el corpus.

(41) Roberto Peláez: [...] y seguramente nos estará viendo mucha gente en México y en gran parte de América Latina *porque* esta es una final muy, muy atractiva, usted tendrá su mejor opinión acerca de quién es su favorito para llevarse la medalla de oro [...]. [Crónica de tenis]

(42) Christian Martinoli: Es correcto, Zaguito, hoy en el arbitraje en apariencia está garantizado *porque* en las últimas ocasiones que hemos observado

el trabajo internacional del señor guatemalteco Mario Escobar han sido buenas, un buen árbitro, y veremos y esperemos que, pues, no haya ningún tipo de inconveniente. [Crónica de futbol]

(43) Roberta Rodríguez: Hago un paréntesis rápido *porque* teníamos en pantalla justamente al nadador de Guatemala que estará en esta gran final de los 100 metros mariposa, y bueno, regresamos nada más el tema de los récords […]. [Crónica de natación]

En nuestros materiales, también observamos un fragmento en el que el cronista recurre al conector en cuestión con un valor contraargumentativo, como puede verse en el ejemplo (44). En efecto, este conector podría ser reemplazado fácilmente por los conectores *sin embargo / pero*: *¡Qué pena, Kevin que Magnus no está jugando! Sin embargo/ pero los emparejamientos de hoy son muy buenos*. Consideramos que se trata de un caso completamente aislado, pues no encontramos el uso de este conector con valor contraargumentativo ni en el presente corpus ni en otros estudios sobre marcadores discursivos y conectores en específico.

(44) David Martínez: Bueno, pues, acaba de hacer alfil g7. Mamedyarov, Caruana, la verdad ¡Qué pena, Kevin que, pues, que Magnus no está jugando! *Porque* los emparejamientos de hoy son muy buenos ¿eh? Son muy buenos, aparte de este Rapport, fíjate, Mamedyarov, Caruana. [Crónica de ajedrez]

4.7 El marcador metadiscursivo conversacional *sí*

En el corpus de las crónicas deportivas, hemos identificado el marcador metadiscursivo conversacional *sí* en 17 ocasiones, lo que se traduce como el 3.65 %. Como hemos mencionado previamente, los marcadores metadiscursivos conversacionales son partículas discursivas que se emplean para ir construyendo la conversación entre los diferentes interlocutores que intervienen en ella.

Estos marcadores discursivos se conciben como "trazos de esfuerzo" por parte de los usuarios de la lengua en pos de organizar su texto hablado; de ahí que estas partículas se encuentren fuertemente asociadas con los estructuradores de la información y los reformuladores. Asimismo, como estos marcadores se emplean para relacionar lo que se ha dicho anteriormente y lo que se va a decir, también se consideran "señales conectivas" (Martín Zorraquino & Portolés Lázaro, 1999: 4191).

En cuanto al marcador discursivo *sí*, cabe destacar que este se diferencia del adverbio de polaridad afirmativa en cuanto a que se emplea para regular la conversación, comenzar el turno de habla de un interlocutor e incluso expresar cuestiones anímicas (Brucart, 1999: 2837). Estas funciones reguladoras de la conversación se evidencian sobre todo con el uso de *sí* para hacer un cambio en el turno de interlocutor en la conversación, de tal suerte que el discurso pueda progresar debidamente.

Este marcador metadiscursivo "puede sugerir una actitud cooperativa con el interlocutor, implícita en el adverbio afirmativo *sí*, cuya 'desemantización' representa. El *sí* marcador metadiscursivo, a diferencia del otro *sí*, no reproduce las palabras del hablante ni las ratifica: como mucho, 'afirma' la recepción del mensaje emitido por aquel." (Martín Zorraquino & Portolés Lázaro, 1999: 4193).

En nuestros materiales, el marcador metadiscursivo *sí* pudiera llegar a confundirse con el adverbio afirmativo, pero se distingue de este justamente porque dicho marcador se utiliza para conectar el discurso previo de uno de los cronistas con la intervención que apenas comienza otro de los cronistas.

En los ejemplos (45–46), puede observarse cómo los responsables de narrar el partido de futbol y la competencia de natación recurren a este marcador al inicio de sus respectivas intervenciones, no porque les hayan formulado una pregunta cerrada y respondan afirmativamente, sino porque desean darle continuidad a la línea temática que han dejado un tanto inconclusa los cronistas que han intervenido previamente.

El marcador conversacional *sí* es utilizado en ambos ejemplos para que la crónica pueda progresar debidamente con las intervenciones de los diversos responsables del discurso. Al mismo tiempo, el segmento discursivo precedido por este marcador no solo conecta la temática abordada por otro interlocutor, sino que también muestra que hay una suerte de acuerdo entre los cronistas.

(45) Christian Martinoli: Bueno, ahí están los canadienses felices de la vida, estamos contigo, Warrior.
Carlos Guerrero: *Sí*, un gran ambiente en Edmonton, poco importado al público que se ha hecho presente en este mueble, el tema del clima, desde temprana hora, fueron llegando de a poco, calculamos aproximadamente unos veinticinco mil, treinta mil espectadores, no sé si vaya a seguir llegando gente, pero el ambiente es sensacional [...]. [Crónica de futbol]

(46) Roberta Rodríguez: [...] y bueno, regresamos nada más el tema de los récords, tres récords mundiales establecidos, hasta el día de hoy, diecisiete olímpicos se rompieron veintiséis veces, pero, bueno, diecisiete quedaron

establecidos como nuevos, y, Jorge, en pantalla el estadounidense que también estará buscando justamente romper de nueva cuenta alguna de estas marcas.

Jorge Álvarez: *Sí*, Caeleb Dressel, el Capitán América, que ayer vivimos, hace exactamente veinticuatro horas, vivimos las semifinales de esta prueba de los 100 metros mariposa. [Crónica de natación]

En el fragmento (47), el marcador metadiscursivo conversacional *sí* es empleado por uno de los especialistas de la crónica futbolística, Luis Roberto Alves, para retomar una idea anterior, pero no inmediata que ha expresado el primer especialista, Luis García. En su intervención, este primer especialista aborda dos temáticas: por un lado, habla de cómo el equipo mexicano fue rebasado en lo físico por el equipo de los Estados Unidos; por otro lado, comenta que el equipo mexicano se enfrenta a una prueba contra Canadá y no con otros equipos que implicarían mayor calidad futbolística. Una vez que concluye su idea, interviene el comentarista Jorge Campos, para bromear respecto de la última temática. Posteriormente, interviene el segundo especialista de la crónica Luis Roberto Alves para continuar bromeando con el comentarista, pero al terminar la broma, retoma el primer tema abordado por el primer especialista a través del marcador conversacional *sí* y abunda en dicha idea.

(47) Luis García: En efecto, estamos viendo aquí a la banca del equipo nacional, varias adecuaciones, me parece natural después de un segundo tiempo contra Estados Unidos realmente muy, muy malo ¿no? Rebasados en el tema físico, que hoy me parece que será también un tema medular ¿no? A intentar resolver un equipo que es físicamente brutal, que es sumamente vertical, ya lo vivieron en Copa Oro, lo sufrieron muchísimo, en el partido en el Azteca tuvo que haber ganado Canadá el partido, Zaguito, Jorge, me parece, hoy es una, es una linda prueba y lo que pasa que estamos hablando de Canadá, ¿no? No estamos hablando ni de Italia, ni de Alemania, ni de España. De Canadá.

Jorge Campos: Tenemos miedo de Canadá, ahora estamos preocupados, Zaguinho.

Luis Roberto Alves: Increíblemente, ¿verdad? Así es, Campos, está Georges Fields en todas partes. Y *sí,* no solamente físicamente, Luisito, creo que también fuimos rebasados en el segundo tiempo tácticamente ¿no? [Crónica de futbol]

4.8 El conector consecutivo *así que*

El marcador discursivo *así que* se ha registrado 14 veces en el corpus, esto es el 3.01 %. *Así que* funciona como conector consecutivo en todos los ejemplos en los que lo hemos identificado. En efecto, el miembro discursivo que este conector introduce es justamente una consecuencia derivada de un proceso de deducción respecto del miembro discursivo anterior.

Autores como Nogueira da Silva (2011: 231) señalan que, en algunas ocasiones, llega a utilizarse con frecuencia *así* sin hacerse acompañar de la partícula *que*; sin embargo, en nuestros materiales no hemos registrado dicha variante.

Como sucede con los otros conectores que aparecen frecuentemente en el corpus, *así que* tiene la tarea de unir semántica y pragmáticamente dos miembros discursivos de la crónica deportiva. De acuerdo con Montolío Durán (2001: 102–103), este conector consecutivo se utiliza con gran frecuencia en textos hablados, espontáneos e informales, actuando sobre todo en la argumentación del texto. Según Domínguez García (2007: 162), el tipo de consecuencia que precede este conector textual es una conclusión que se concibe como argumentativa y metadiscursiva.

En los ejemplos (48–49), advertimos cómo *así que* introduce una cláusula en modo indicativo, tal como lo advierte Nogueira da Silva (2011: 231). En (50), el conector introduce dos sintagmas nominales, pues el verbo se encuentra elidido. Si parafraseamos el fragmento en cuestión obtendríamos una cláusula en pretérito de indicativo: *[…] el dobles femenil cayó del lado de las checas […]. Así que la República Checa ganó medalla de oro en el dobles femenil.*

(48) Roberto Peláez: Y por lo pronto Zverev sube a la red para cerrarle los ángulos, para meter presión y provocar que Karen Khachanov busque un tiro ganador y bueno, pues, lo cruza demasiado el ruso, *así que* es uno iguales. [Crónica de tenis]

(49) David Martínez: Bueno, por cierto, hay que decir, nosotros queremos que estén con nosotros, por supuesto, pero también hay que decir que parece que Magnus se va a pasar en algún momento por la retransmisión en inglés. *Así que* entendemos si algunos nos engañáis y os vais con los de inglés […]. [Crónica de ajedrez]

(50) Roberto Peláéz: Sí, el dobles femenil cayó del lado de las checas Krejcikova y Siniakova sobre Bencic y Globic. *Así que* la República Checa, medalla de oro en el dobles femenil. De aquí ya estamos listos para arrancar este partido, Javier Frana, su servidor Roberto Peláez en esta gran final de los Juegos Olímpicos de Tokio 2020. [Crónica de tenis]

4.9 El conector textual *entonces*

El marcador *entonces* figura en nuestro corpus 12 veces representando así el 2.58 %. Este marcador discursivo funciona como conector textual, confiriendo dos valores semánticos. Como conector de consecuencia es considerado una unidad menos gramaticalizada que otros conectores consecutivos como *por tanto* o *por ende*. Asimismo, *entonces* se encarga de relacionar el miembro discursivo anterior con aquel que precede "pero sin constituir su paráfrasis" (Martín Zorraquino & Portolés Lázaro, 1999: 4107). En otras palabras, el marcador *entonces* refleja sentido de consecuencia, pero de manera un tanto débil, es decir en contextos en donde conectores con un significado consecutivo más fuerte como *por lo tanto* podrían resultar extraños para el usuario de la lengua.

Si se lo compara con otros conectores de carácter consecutivo, se observa que este marcador se utiliza sobre todo en contextos continuativos para presentar una serie de acciones o argumentos. En otras palabras, el usuario recurre a este marcador no solo con la finalidad de mostrar consecuencia, sino también temporalidad. De ahí, su uso tan recurrente no solo en conversaciones habladas y espontáneas, sino también en otros textos hablados de carácter narrativo (como el caso de la crónica deportiva) para introducir comentarios en los avances de la información respecto de un tema (Borzi, Trípodi & García Jurado, 2020: 221).

En el fragmento (51), se observa el conector *entonces* con un valor consecutivo, pero también temporal. En un fragmento textual con tintes formativos, el especialista de la crónica tenística alude a la manera en que un jugador tiene que actuar frente a su oponente a través de diversas acciones; el miembro discursivo precedido del conector *entonces* no solo despliega la consecuencia de lo que ha señalado en los miembros discursivos anteriores, sino también la culminación de su comentario didáctico.

(51) Javier Frana: Que cuando se enfrentan dos grandes pegadores, dos jugadores que les gusta tener la iniciativa y que consideran que el de enfrente también es muy peligroso, es vital en ese sentido no conceder situaciones para que te ataquen y, por otro lado, no dejar pasar momentos en la que tenés para ejecutar y para poder presionar y sacarle tiempo. *Entonces,* lo llevas a tu adversario a jugar a lo que menos le gusta, que en este caso tiene que ver con las contenciones. [Crónica de tenis]

En el ejemplo (52), se aprecia un pasaje textual en el que el cronista principal del evento de patinaje recurre en dos ocasiones al conector *entonces*. A fin de explicar la presencia de estos dos marcadores discursivos, es importante describir las imágenes que se transmiten junto con la crónica. Y es que el primer *entonces* es utilizado por el cronista no solamente para cerrar el turno de habla de su compañera y comenzar con el suyo, sino también para cerrar la serie de imágenes (descritas técnicamente por la especialista) que se han visto en la pantalla; se trata de la repetición en cámara lenta de los momentos clave de la actuación de la patinadora. Toda vez que cesan las repeticiones en la transmisión, se observa a la patinadora sentada en la zona *Kiss & Cry*[31] para recibir el resultado evaluativo por parte del panel de jueces. El segundo *entonces* en este ejemplo simplemente presenta la consecuencia del lugar que ocupa la patinadora en la clasificación del evento; dicho lugar se deriva de la puntuación otorgada por parte de los jueces.

(52) Lilian Yedid: [...] Este era un flip, un triple flip en secuencia en donde hizo muy bien el primer salto y el salto conector que es el medio loop, ahí es en donde pierde el equilibrio y tiene la caída, si se dan cuenta, este molinete es un molinete que está haciendo hacia el lado derecho y posteriormente lo hace hacia el lado izquierdo, esto es bastante complicado, ya que una patinadora que es zurda [...] y la verdad es algo que se debe de reconocer cuando pueden respetar y encontrar que una patinadora no es derecha y la pueden entrenar para hacer todo hacia el otro lado.
Roberto Peláez: Perfecto, pues ahí está **entonces** Kate Wang esperando su calificación por parte de los jueces. Su mejor registro en un programa largo esta temporada 109 34, esto fue en Cheliábinsk, en Rusia en septiembre pasado. Veamos qué es lo que dicen los jueces y se está metiendo hacia el tercer lugar, 141 puntos, 141 punto 17 para la competidora de los Estados Unidos, **entonces**, momentáneamente se va al tercer lugar. Ahí está precisamente el punto de deducción por la caída que acabamos de ver. [Crónica de patinaje]

Por último, en el fragmento (53), se advierte el uso de *entonces* con propósitos más temporales que consecutivos. En efecto, en este ejemplo, el cronista principal refiere a lo que se observa en la pantalla, esto es los números correspondientes al tenista Khachanov, y recurre a este conector para señalar que posteriormente se verán en la pantalla los números del otro tenista, Zverev.

---

31 Se le conoce así al espacio que se encuentra en una esquina de la pista al que pasan los patinadores con sus entrenadores a esperar las calificaciones por parte de los jueces respecto de la rutina que acaban de presentar. Dicha designación corresponde a que en esta área es donde los patinadores y entrenadores festejan una buena rutina y se besan (*Kiss*) de la alegría o lamentan una mala rutina y lloran (*Cry*).

(53) Roberto Peláez: Así que ahí están los números de este Karen Khachanov y en un momento más veremos, *entonces*, ya los números del camino por parte de Alexander Zverev a quien vemos en pantalla que es número 5 del ranking mundial. [Crónica de tenis]

4.10 El marcador discursivo *digamos*

El marcador discursivo *digamos* presenta un total de 7 recurrencias, esto significa el 1.5 % del corpus. Como puede observarse en la tabla 9, este marcador discursivo solamente se utiliza en dos crónicas deportivas: la futbolística con 6 recurrencias y la tenística con 1 sola.

Este marcador puede tener diferentes funciones dependiendo del contexto y el cotexto en los que se utilice. Por un lado, puede resultar una marca de formulación; por otro lado, puede emplearse para atenuar y para ejemplificar; por último, puede desplegar un valor aproximativo (Salameh Jiménez, 2018).

> [Digamos] actúa, como suelen hacer las partículas discursivas, en el nivel del *modus* (intención comunicativa) y no del *dictum* (lo dicho), como sí haría un verbo *decir* integrado y sin gramaticalizar. Pragmáticamente, *digamos* permite al hablante explicitar un tipo de *decir* marcado en su contexto interactivo. Esto es necesario cuando se debe explicitar, de algún modo, que el sentido de su enunciación supera los límites de lo dicho en sentido literal (Salameh Jiménez, 2018: 89).

Por su parte, Portolés Lázaro (1993: 155) afirma que *digamos* se considera un modalizador en el grupo de los marcadores discursivos de modalidad epistémica. En específico, es utilizado para presentar un juicio de valor.

Al igual que otros marcadores discursivos derivados del verbo *decir* como *mejor dicho*, *por así decirlo* o *es decir*, *digamos* ha sufrido también un proceso de gramaticalización a fin de utilizarse como marcador del discurso y no con la carga comunicativa que tiene el verbo en sí, además de poseer un valor orientado a la expresión o a la modalidad. Empero, a diferencia de los otros marcadores discursivos, *digamos* no despliega funciones de reformulación, tal como lo comprobamos en el corpus de nuestras crónicas.

Salameh Jiménez (2018) advierte que existen otros marcadores discursivos que se construyen con base en *digamos* junto con otros elementos lingüísticos, tal es el caso de *digámoslo así*, *que digamos* y *no digamos*. No obstante, dichos marcadores despliegan otras funciones que cuando *digamos* se emplea solo. Asimismo, cabe señalar que no hemos identificado ninguno de ellos en nuestros materiales, únicamente *digamos*.

De acuerdo con Salameh Jiménez (2018: 89), *digamos* posee diversas características que nos permiten identificarlo como marcador discursivo. Por un lado, desde una perspectiva morfológica, esta partícula tiene sus orígenes en el verbo *decir* conjugado en la primera persona del plural en presente de modo subjuntivo para utilizarse en contextos de atenuación pragmática y cierta vaguedad semántica.

Por otro lado, desde un punto de vista sintáctico, aparece entre comas al escrito o entre pausas en textos hablados. Se lo analiza, por lo tanto, en un nivel supraoracional, es decir como un elemento independiente sintácticamente hablando. Dicha independencia se hace más evidente a través de la movilidad estructural que posee dicha partícula.

A nivel semántico, esta partícula no incide en el contenido proposicional del segmento discursivo en el que se utiliza. Asimismo, su eliminación del fragmento textual donde se utiliza no produce una construcción agramatical, sino solamente la ausencia de ciertos valores pragmáticos de atenuación o de expresión.

Por último, a nivel pragmático, esta partícula se emplea para "explicitar un tipo de decir marcado en su contexto interactivo. Esto es necesario cuando se debe explicitar, de algún modo, que el sentido de su enunciación supera los límites de lo dicho en sentido literal" (Salameh Jiménez, 2018: 89).

En los ejemplos (54–55), observamos que el marcador *digamos* cumple con una función de expresión, pues tanto el cronista principal como uno de los especialistas del evento futbolístico lo utilizan para conseguir cierto margen de tiempo que les permita continuar con su discurso de manera fluida y encontrar los términos más adecuados de aquello que desean decir sin perder su turno de habla, tal como lo advierte Salameh Jiménez (2018: 97).

(54) Christian Martinoli: Desde ahora, vea nada más el sopetón tremendo, impresionante impacto en una pelota dividida como quedó Lozano totalmente descuadrado, piden infracción violenta por parte de Henry, el número 15, que está también dialogando de forma fuerte, quieren un desplazamiento, el árbitro automáticamente dice que fue con, *digamos*, con el hombro. [Crónica de futbol]

(55) Luis García: Y de entrada, ya lo decía David y mi Warrior, había mucha gente atrás, tres centrales, dos contenciones, Herrara va a jugar pegadito a Álvarez y le va a permitir, *digamos*, a Orbelín ¿no? a Lozano y a Jiménez a ver si hacen algún malabar, supongo que Gallardo y Sánchez por los costados tendrán un poco más de libertad, entendiendo que Araujo, *digamos*, podría ser, lo será seguramente, el líbero. [Crónica de futbol]

De acuerdo con Fernández Bernárdez (2005), *digamos* tiene una función mitigadora, que también encontramos en el corpus. En otros términos, el marcador *digamos* atenúa o aminora la literalidad de las expresiones en las que figura muchas veces porque el hablante desea evadir responsabilidades ante su interlocutor.

El fragmento (56) muestra el uso de *digamos* en una función mitigadora o atenuante, pues el especialista de la crónica futbolística habla de la reacción que debe mostrar la selección mexicana ante la crisis por la que está atravesando. Esta función mitigadora se ve reforzada por la presencia de la expresión *se puede decir* que se utiliza con la misma intención comunicativa por parte del hablante.

(56) Luis Roberto Alves: Una reacción, una reacción por parte de esta selección, **digamos**, que cayó en un bache, está en una crisis, se puede decir, pero los futbolistas igual que el cuerpo técnico saben perfectamente cuáles son los metas, los objetivos, hacia dónde van ¿no? [Crónica de futbol]

4.11 El marcador conversacional *desde luego*

Al igual que *digamos*, *desde luego* ha sido registrado un total de 7 veces, esto es el 1.5 % del corpus. De acuerdo con Martín Zorraquino & Portolés Lázaro (1999), *desde luego* es un marcador conversacional, más específicamente, un reforzador de la aserción que se encarga de reiterar el miembro discursivo anterior.

Portolés Lázaro (1993: 155) añade que *desde luego* es un modalizador, ya que dentro de los marcadores discursivos de modalidad epistémica contamos con aquellos marcadores que sirven para indicar juicios y otro grupo que sirve para indicar evidencias. *Desde luego* pertenece al segundo grupo.

"En la actualidad *desde luego* constituye un marcador de modalidad epistémica de 'evidencia', pero su origen deíctico temporal puede explicar su adscripción a la esfera de la percepción personal del que habla" (Martín Zorraquino & Portolés Lázaro, 1999: 4152).

En los fragmentos (57–58), advertimos la presencia de este marcador conversacional en el marco de un pasaje monológico, en donde el cronista principal del evento tenístico conecta dos miembros discursivos, el segundo miembro, precedido de *desde luego*, evidencia lo que acaba de señalar en el primero.

(57) Roberto Peláez: Aquí funcionando el drive del alemán y ahí están en esa tribuna unos integrantes del equipo de la delegación alemana y del equipo, **desde luego,** de Zverev apoyando a su jugador, impulsándolo a que busque esa presea dorada. [Crónica de tenis]

(58) Roberto Peláez: Así es, aquí vamos a empezar en un momentito más con la participación de la estadounidense Kate Wang que sí, la, sorpresivamente, la suiza Anais Coraducci para algarabía, para alegría de toda la gente que está presente en la arena de Lausana, a la local va en primer lugar después de cinco participantes, faltan otras once, *desde luego*, la van a ir desplazando poco a poco, pero ahí está el momento feliz para los aficionados, es que su compañera está en el primer lugar. [Crónica de patinaje]

4.12 El conector aditivo *incluso*

El marcador discursivo *incluso* es registrado en el corpus un total de 5 frecuencias, esto equivale al 1.07 % del corpus. De acuerdo con las clasificaciones de Martín Zorraquino & Portolés Lázaro (1999: 4097), se trata de un conector textual con carácter aditivo.

Como hemos señalado anteriormente, los conectores se encargan de unir dos miembros discursivos tanto a nivel semántico como a nivel pragmático, guiando al receptor de un texto a interpretar dichos miembros de cierta manera.

En el caso concreto de los conectores aditivos, estos se encargan de unir un miembro discursivo con otro que cuenta con el mismo tipo de argumentación. De tal manera, permiten que el segundo miembro discursivo, que despliega un argumento de la misma orientación, pero con mayor fuerza que el primer miembro, resulte más fácil de comprender que si dichos miembros discursivos no tuvieran un conector de enlace entre ellos (Portolés Lázaro, 1998: 211). En efecto, "[...] *incluso* indica que el segundo miembro discursivo es más fuerte argumentativamente que el primero y, por tanto, se sitúa en una posición más alta en una escala argumentativa" (Martín Zorraquino & Portolés Lázaro, 1999: 4093).

De acuerdo con Martín Zorraquino & Portolés Lázaro (1999: 4094), existen dos tipos de conectores aditivos. Por un lado, se encuentran aquellos cuya tarea consiste en relacionar dos miembros discursivos que tienen una misma orientación argumentativa, tal es el caso de *incluso* junto con otros como *inclusive* y *es más*. Por otro lado, están los conectores que no siguen esta lógica, entre ellos se advierten *además*, *encima* y *por añadidura*.

En el ejemplo (59), el conector aditivo *incluso* es utilizado al inicio del turno de habla por parte del cronista principal a fin de darle continuidad al comentario de su compañera especialista. En efecto, la especialista de patinaje advierte cómo las seis patinadoras que han realizado sus respectivas rutinas han tenido caídas. Por su parte, el cronista principal añade que ha habido patinadoras con dos caídas en sus rutinas.

(59) Lilian Yedid: Y las seis patinadoras que se han presentado hasta este momento en los Juegos Olímpicos de Lausana han tenido caídas, por lo menos una, todas tienen deducción.

Roberto Peláez: **Incluso** unas que tuvieron doble caída, la de Canadá acaba de caer, Catherine Carle, también estuvo por ahí Eva-Lotta Kiibus de Estonia, también tuvo dos caídas, dos puntos de deducción. [Crónica de patinaje]

En el caso del fragmento (60), contamos con el comentario del cronista principal del juego de futbol respecto de la importancia del partido que están transmitiendo, pues de ganar el equipo canadiense ocuparía el primer lugar, dejando a Estados Unidos en segundo lugar. Para señalar esto último, el cronista recurre al conector *incluso*.

(60) Christian Martinoli: Bueno, ni en Canadá nos libramos. Todo listo, un juego fundamental. Para Canadá también es muy importante este partido evidentemente, si lo llega a ganar, rebasa el equipo mexicano, le mete un nervio importante a la zona de la Concacaf, coloca a los Estados Unidos en un plano, *incluso*, hasta secundario. [Crónica de futbol]

4.13 El marcador discursivo *la verdad es que*

La verdad (es que) es un marcador que aparece un total de 5 frecuencias, igual que *incluso*, esto corresponde al 1.07 % del corpus. Núñez Bayo (2011: 611) señala que se trata de una unidad fija que ha estado y todavía se encuentra bajo un proceso de gramaticalización y que se utiliza con funciones discursivas, más particularmente de modalización. Esta partícula tiene la tarea de ofrecer cierta información procedimental sobre cómo interpretar los enunciados del cotexto inmediato anterior (Núñez Bayo, 2011: 617).

Por su parte, Soler Bonafont (2017: 431) advierte que se trata de una partícula discursiva de modalidad epistémica, que desde principios del siglo XV se utiliza con dos variantes en cuanto a su forma: a) el sintagma nominal *la verdad* y b) la cláusula *la verdad es que* o con la elisión del verbo *ser*, *la verdad que*. La primera se utiliza como parentética; mientras que la segunda se integra sintácticamente en la cláusula sobre la que incide.

Por lo anterior, hemos considerado dicha partícula (con sus variantes) como marcador discursivo, además de que puede tener distintas funciones discursivas. Por un lado, puede utilizarse como partícula de refuerzo argumentativo, es decir con la intención de introducir un argumento de cierta relevancia, para expresar compromiso por parte del hablante con lo que acaba de decir.

Por otro lado, también puede emplearse con fines de atenuación (Soler Bonafont, 2017: 431). Incluso puede usarse para mostrar contrariedad y reforzar una réplica (Núñez Bayo, 2011: 612).

En el ejemplo (61), el cronista principal del evento tenístico le pregunta al especialista si hay algún jugador favorito para la final que está por disputarse. El especialista responde que no y a fin de reforzar su respuesta negativa, recurre al marcador discursivo *la verdad es que* para introducir su parecer.

(61) Roberto Peláez: Y con esta paridad que hablamos, ¿te atreverías a dar algún favorito?
      Javier Frana: No, *la verdad es que* creo que es muy equilibrado este encuentro, los dos son muy potentes, me da la sensación que lógicamente Zverev tiene una cuestión de trayectoria, de jerarquía también en cuanto al ranking, pero, por otro lado la potencia de Khachanov mostrada a lo largo de sus años, pero por sobre todas las cosas la regularidad y la velocidad en semifinales, creo que también lo pone, lo eleva en cuanto a las posibilidades y, por otro lado, también es una instancia donde las emociones y los nervios, quieras o no, juegan siempre un papel muy importante. [Crónica de tenis]

En el fragmento (62), el cronista de ajedrez señala que el jugador Fabiano Caruana no ha podido recuperarse del todo y quiere ver si puede disputar bien la partida que tendrá frente al campeón Magnus Carlsen. La partícula *la verdad es que* es utilizada después del conector contraargumentativo *pero* para reforzar una réplica, en específico, señalar que anteriormente Magnus le había ganado un encuentro y la consecuencia de dicha derrota para Caruana en la clasificación de la FIDE.

(62) David Martínez: Sí, bueno, pues, un Fabi que no se acaba de recuperar ¿no?, tras ganar a Prag, vamos a ver si va con moral contra Magnus, *pero la verdad es que* Magnus le ganó una muy buena partida y Fabiano ahora mismo está perdiendo 10 puntos de ELO […] [Crónica de ajedrez]

En nuestros materiales, también hemos identificado la forma con el verbo *ser* elidido, *la verdad que*, tal como se observa en (63), donde de nueva cuenta el cronista recurre al conector contraargumentativo *pero* a fin de presentar una réplica, en concreto que la final de alfiles de distinto color no le resulta atractiva para que alguien se lleve la victoria.

(63) David Martínez: Y comer caballo para quitarte la pareja, podría ser.
      Kevin: Y no estaría entendiendo la compensación acá para el blanco. Supongo que dama por dama y alfil e5 se debe poder jugar porque decía

que poner la torre en d7 no debe ser tan bueno, **pero la verdad que** el final
de alfiles de distinto color no me llama mucho la atención para que alguno
de los dos gane, no sé. [Crónica de ajedrez]

Coincidimos con Soler Bonafont, en cuanto a que la presencia de este marcador discursivo en cualquiera de sus variedades aminora la fuerza ilocutiva del
enunciado, pues previene un efecto negativo. De alguna manera, "[e]l hablante
ese ve obligado a autoproteger su imagen ya que lo que introduce es un punto de
vista personal" (2017: 432). De ahí su valor discursivo de mitigador o atenuante.

4.14 El marcador discursivo *por otro lado*

El marcador discursivo *por otro lado*, tal como sucede con *incluso* y *la verdad
(es) que*, es utilizado 5 veces en el corpus, esto representa el 1.07 % del corpus.
Es importante comentar que dicho marcador es utilizado únicamente en la crónica tenística, más específicamente por el especialista Javier Frana.

De acuerdo con las clasificaciones propuestas por Martín Zorraquino &
Portolés Lázaro (1999), este marcador pertenece a los estructuradores de la
información. Dichos marcadores se emplean principalmente con la finalidad
de organizar la información presentada en los textos.

Cabe señalar que los estructuradores de la información no poseen un significado argumentativo y se dividen en tres grandes grupos: a) comentadores
(que presentan un comentario nuevo), b) ordenadores (que agrupan diversos
miembros discursivos para formar una unidad) y c) digresores (que presentan
un comentario aledaño que sale de la planificación discursiva).

Los ordenadores se encargan de indicarle al receptor de un texto el lugar que
ocupan los diferentes miembros discursivos que conforman la unidad textual.
Los hay de tres tipos: a) de apertura, b) de continuidad y c) de cierre. El ordenador *por otro lado* es de continuidad, ya que indica que el miembro discursivo en
donde se inserta forma parte de una serie de la cual no constituye el elemento
inicial.

Por lo general este marcador discursivo tiene su contraparte en los ordenadores de apertura, en concreto, *por un lado/ por una parte*; sin embargo, no
hemos registrado este ordenador de apertura en nuestros materiales.

En el ejemplo (64), se observa cómo, en su intervención, el especialista de
la crónica de tenis hace dos señalamientos didácticos, el primer señalamiento
no es introducido por ningún marcador discursivo; mientras que el segundo
señalamiento es justamente precedido por el ordenador de continuidad *por
otro lado*.

(64) Javier Frana: Que cuando se enfrentan dos grandes pegadores, dos jugadores que les gusta tener la iniciativa y que consideran que el de enfrente también es muy peligroso, es vital en ese sentido no conceder situaciones para que te ataquen y, *por otro lado*, no dejar pasar momentos en la que tenés para ejecutar y para poder presionar y sacarle tiempo. Entonces, lo llevas a tu adversario a jugar a lo que menos le gusta, que en este caso tiene que ver con las contenciones. [Crónica de tenis]

En el fragmento (65), podemos notar de nueva cuenta la presencia de este ordenador de continuidad en boca del especialista de la crónica tenística. Empero, a diferencia del ejemplo anterior, en este, dicho ordenador se encuentra precedido del conector contraargumentativo *pero*. Entre ambos marcadores discursivos se encargan de anunciarle al receptor del texto que el segundo miembro discursivo presenta un argumento adversativo respecto del primer miembro.

(65) Javier Frana: No, la verdad es que creo que es muy equilibrado este encuentro, los dos son muy potentes, me da la sensación que lógicamente Zverev tiene una cuestión de trayectoria, de jerarquía también en cuanto al ranking, *pero, por otro lado*, la potencia de Khachanov mostrada a lo largo de sus años, pero por sobre todas las cosas la regularidad y la velocidad en semifinales, creo que también lo pone, lo eleva en cuanto a las posibilidades y por otro lado también es una instancia donde las emociones y los nervios, quieras o no, juegan siempre un papel muy importante. [Crónica de tenis]

4.15 Otros marcadores discursivos

Como hemos señalado anteriormente, los catorce marcadores discursivos antes presentados constituyen más del 85 % del corpus general. Si bien el resto de los marcadores registrados en las crónicas no resulta tan significativo cuantitativamente, nos parece que vale la pena comentar, de manera general, el uso y la función de algunos de ellos.

El marcador discursivo *para que* se ha registrado un total de cuatro veces en el corpus a fin de expresar finalidad. Dicho conector es seguido de cláusula en presente de subjuntivo, como puede observarse en el fragmento (66). Es importante hacer notar que en relaciones de finalidad este conector es el único que se emplea en las crónicas[32].

---

32 Si bien hemos encontrado sintagmas de infinitivo precedidos del conector *para*, no los hemos considerado en el presente estudio, porque en nuestros materiales no tienen la

(66) Christian Martinoli: Hoy, México sí o sí, los resultados se le están dando, digamos, previo a este encuentro *para que* por lo menos pueda recuperar el primer lugar del octagonal, ya la temperatura sigue siendo de menos nueve, la sensación térmica por el viento, por las condiciones que existen en ese aspecto ya está en menos dieciséis [...]. [Crónica de futbol]

Otro marcador discursivo que nos ha llamado la atención es la partícula *finalmente* que también hemos registrado cuatro veces en nuestro corpus, todas ellas por parte de la especialista de natación Roberta Rodríguez. Consideramos que esta partícula no despliega funciones adverbiales en nuestro corpus, sino funciones de marcador discursivo, porque su incidencia no es a nivel de la oración, sino del discurso.

Al respecto, Traugott (1996: 1) señala que existe la posibilidad de gramaticalizar ciertos adverbios terminados en – *mente* y considerarlos marcadores discursivos. En el ejemplo (67) vemos que la partícula *finalmente* se encarga de ordenar el discurso, más precisamente de presentar a los nadadores que competirán en los diferentes carriles. *Finalmente* tiene la función de preceder justamente la presentación del último nadador de la competencia.

(67) Jorge Álvarez: Y otra estadounidense en esta final, carril 5 para Phoebe Bacon, ahí con el segundo mejor tiempo de calificación. ¡Vaya que está nutrido el apoyo para las estadounidenses!
Roberta Rodríguez: **Finalmente**, representando a Australia en el carril o línea número cuatro, Emily Seebohm, dos, cero siete, cero nueve, el registro con el que ella ocupa el carril principal, el carril de honor, una nadadora que quedó en la posición cinco en los cien metros dorso en estos Juegos Olímpicos de Tokio 2020, terminó en la posición número doce en los Juegos de Río 2016. [Crónica de natación]

Un marcador más que ha llamado nuestra atención es *mira/ mire*. Estos dos verbos reflejan un proceso de gramaticalización de la conjugación del verbo *mirar* en segunda persona del singular del modo imperativo ya sea dirigido a la persona de *tú* o de *usted*. Dicho marcador discursivo, al igual que *finalmente*, se ha registrado cuatro veces en el corpus.

En ambas instancias, *mira/ mire*, se percibe un proceso de desemantización, pues el verbo ha perdido su significado original de posar los ojos sobre algo. En realidad, con estas partículas se intenta atraer la atención del receptor del texto

---

función de junción de cláusulas, sino de complementos del nombre, régimen verbal o complementos del adjetivo.

a lo que presenta el hablante, ya sea para hacerle advertir alguna información relevante, ya sea para mostrar cercanía con él.

De acuerdo con las clasificaciones propuestas por Martín Zorraquino & Portolés Lázaro (1999: 4180), estas partículas son consideradas marcadores conversacionales, más específicamente, enfocadores de la alteridad, ya que se comportan como partículas interjectivas que aluden al oyente para presentarle un comentario.

En el ejemplo (68), el cronista principal recurre a este marcador discursivo, más concretamente a *mira* (esto es dirigido a la persona de *tú*), para aludir a su compañera de crónica y hacerle un comentario respecto del tiempo de salida del ganador de la competencia, el norteamericano Caeleb Dressel.

(68) Jorge Álvarez: Caeleb Dressel, desde la salida, como bien mencionas, Roberta, con el tiempo de reacción en la salida más rápido de apenas sesenta centésimas, **mira** tú, está atrasado treinta y cinco centésimas de segundo. Esta prueba es para el estadounidense, para el Capitán América, para Caeleb Dressel. [Crónica de natación]

En el fragmento (69), el cronista principal del evento futbolístico no alude a sus compañeros de crónica, sino al público televidente mediante este marcador discursivo. En efecto, el cronista señala cómo la cancha está completamente despejada de la nieve que cayó previamente al partido, pero que el público asistente se está congelando. Ahora bien, para hacer partícipe al teleauditorio, el cronista recurre al marcador discursivo *mire* (esto es dirigido a la persona de *usted*), para que el público se sienta aludido y que llegue a dimensionar la cantidad de nieve que hay alrededor del terreno de juego.

(69) Christian Martinoli: [...] Cuando el campo está impecable en cuanto a nieve, está totalmente despejado, el público se está congelando, está clarísimo, el mariachi no tanto, soportando o más bien el charro es más charro que mariachis, **mire** nomás, pero cómo está. [Crónica de futbol]

Si bien en este último ejemplo, la partícula *mire* parecería no haber perdido completamente su significado verbal de posar la vista ante un objeto o un fenómeno, consideramos que despliega una función totalmente discursiva de alteridad, tal como sucede en otras instancias, porque tiene la intención comunicativa de llamar la atención del receptor del texto.

Al igual que *mira/ mire*, en el corpus hemos encontrado *vea*, verbo en segunda persona del singular en modo imperativo dirigido a la persona de *tú*, que se encuentra también en proceso de gramaticalización.

Si bien *vea* como partícula discursiva no ha sufrido el mismo proceso de desemantización que *mire/ mira*, consideramos que desempeña exactamente las mismas funciones que los otros dos marcadores, a pesar de que en la literatura enfocada en marcación discursiva no se le incluya.

En el ejemplo (70), se puede advertir cómo el cronista principal del evento de natación presenta al competidor norteamericano Caeleb Dressler y a través de esta partícula interjectiva, invoca al teleauditorio para que aprecie en la pantalla al nutrido grupo que apoya al nadador norteamericano desde las tribunas.

(70) Jorge Álvarez: Y con el mejor tiempo de calificación, la estrella de la natación, una de las estrellas desde luego de los Estados Unidos de América, nombrado Capitán América. *Vea* nada más, hay apoyo de todos los demás integrantes de la delegación de natación. No es para menos, esta es una final que va a quedar para la Historia seguramente. [Crónica de natación]

En este espacio hemos de llamar la atención respecto de un verbo que, si bien todavía no funge como marcador discursivo y que, por ende, no hemos contabilizado como tal en el corpus, consideramos que despliega ciertas funciones discursivas en nuestros materiales cuyo análisis vale la pena. Este es el caso de *veremos*.

Al igual que sucede con el caso de *mira/ mire, vea* u *oye*, consideramos que *veremos* despliega un proceso de gramaticalización del verbo *ver* en primera persona del plural en futuro de indicativo y, por ello, en algún momento pudiera llegar a considerarse un posible marcador conversacional.

Ahora bien, a diferencia de lo que sucede con *mira/ mire, vea* u *oye, veremos* no se enfoca exclusivamente en el receptor del texto, pues *veremos* como partícula interjectiva incluye a todos los participantes de la comunicación, hablantes y oyentes, tal como puede apreciarse en el fragmento (71).

En el ejemplo aludido, el cronista del partido de balompié recurre a este *veremos* en dos ocasiones. En la primera, lo hace para incluir al televidente e interesarlo respecto de lo que podrá hacer la selección mexicana e inmediatamente después, anunciar las alineaciones de dicho equipo. En la segunda ocasión, al anunciar a dos de los jugadores que actuarán en el medio campo, hace un comentario precedido de esta partícula para volver a incluir al público televidente y señalar la expectativa sobre si ambos medios serán capaces de habilitar al centro delantero del equipo.

(71) Christian Martinoli: Henry, también estará jugando Buchanan uno de los hombres que volantea, Eustáquio por el centro del campo, Hutchinson, otro elemento de ida y vuelta, Cyle Larin, también Richie Laryea, en el

área Alphonso Davies, la grandísima figura de la Concacaf, el técnico es John Herdman. **Veremos** qué es lo que puede hacer el equipo mexicano que va con Ochoa, Jorge Sánchez por la derecha, Domínguez será uno de los centrales junto con Araujo y también estará jugando Vázquez, por el costado de la izquierda estará presente Jesús Gallardo; mientras tanto en el mediocampo, Edson Álvarez tendrá el péndulo junto con Héctor Miguel Herrera que necesita más dinámica, Orbelín tendrá la creatividad, al igual que Hirving Lozano y **veremos** si pueden habilitar al 9 que en esta ocasión será Jiménez. Es el equipo del Tata Martino. [Crónica de futbol]

Somos conscientes de que existe una gran objeción respecto de *veremos* para ser considerado marcador discursivo. Y es que, a diferencia de las otras partículas, *veremos* sigue funcionando como verbo, ya que rige complemento de objeto directo en las instancias en las que lo hemos registrado.

Discurrimos que *veremos* podría llegar a gramaticalizarse un poco más y, por consiguiente, considerarse plenamente marcador discursivo si no presentara complemento alguno, tal como sucede con las otras partículas, *mira, mire, vea*, en los ejemplos anteriores.

Luego de presentar ejemplos de marcadores discursivos con verbos de percepción, vale la pena continuar con otro marcador discursivo que aparece también en cuatro ocasiones en los materiales de las crónicas, este es *luego*. Siguiendo las explicaciones de Martín Zorraquino & Portolés Lázaro (1999: 4086), este marcador discursivo pertenece a los estructuradores de la información, más en específico a los ordenadores.

El ordenador *luego* tiene el propósito de indicar el lugar que ocupa un miembro discursivo en el espacio o en el tiempo. En el ejemplo (72), se puede observar que el significado de *luego* es de temporalidad. En efecto, en dicho fragmento el cronista principal señala el clima extremo de Canadá en otoño y recurre al ordenador en cuestión para señalar lo que les esperará en pleno invierno.

(72) Christian Martinoli: Es correcto, decíamos, con Zaguito, con el doctor, con el Inmortal, está bueno, en el otoño en Canadá, en Edmonton, tienes menos dieciséis en cuanto a sensación térmica y estamos en noviembre, **luego** te cuento por ahí de febrero cómo nos recibe el clima. [Crónica de futbol]

Otro marcador discursivo digno de análisis es el marcador metadiscursivo *este* que también se ha registrado cuatro veces en nuestras crónicas. Hemos de confesar que las frecuencias tan bajas de esta partícula, así como de la partícula *eh*, han llamado nuestra atención en este estudio. Y es que la crónica deportiva al ser un texto oral y espontáneo nos conducía a esperar una mayor cantidad de ambos marcadores discursivos.

De acuerdo con Martín Zorraquino & Portolés Lázaro (1999: 4199), *este* es un marcador metadiscursivo que se utiliza para mantener el turno de habla y no perderlo, así como para buscar rápidamente los términos más adecuados para expresar lo que se desea. Los autores advierten que esta partícula se utiliza especialmente en Latinoamérica. Nosotros la hemos encontrado únicamente en la crónica futbolística, en específico pronunciada por los especialistas del evento.

En el fragmento (73), uno de los especialistas de la crónica futbolística parece no encontrar el término más adecuado y mientras lo expresa, recurre a la partícula *este*. Evidencia de esto resulta también la repetición del adverbio intensificador *muy*.

(73) Luis García: Hay mucha gente en ese saque de banda, Gallardo se tarda mucho y daría la impresión que, por eso, Escobar no la ve, ¿no? Henry va con todo, es un tipo que le saca varios centímetros a Lozano. Sí, entra con el hombro, lo que pasa es que Lozano queda muy, muy, *este*, frontal y muy exhibido ¿no? Es expuesto, sí es falta y hasta ahí, nada más. [Crónica de futbol]

En el corpus hemos registrado tres veces los siguientes marcadores discursivos: *por supuesto, de hecho, mientras tanto, eh, además* y *ya que*. Analizaremos brevemente cada uno de ellos mediante un ejemplo del corpus.

Por supuesto es un marcador de evidencia que se interpreta como un reforzador de la aserción. En el fragmento (74), este marcador es utilizado por los dos cronistas del evento ajedrecístico. En ambas instancias, dicho marcador se encarga de reiterar lo que se afirma en el miembro discursivo anterior.

(74) David Martínez: Hasta que Bill aprenda español, si luego ya.

Kevin Paveto: *Por supuesto*, ahí estamos de acuerdo.

David Martínez: Bueno, por cierto, hay que decir, nosotros queremos que estén con nosotros, *por supuesto*, pero también hay que decir que parece que Magnus se va a pasar en algún momento por la retransmisión en inglés. [Crónica de ajedrez]

El marcador discursivo *de hecho* es un operador argumentativo que presenta al miembro discursivo que precede como cierto y con mayor fuerza argumentativa que otro miembro que pudiera considerarse únicamente posible (Martín Zorraquino & Portolés Lázaro, 1999: 4141).

En el fragmento (77), el especialista en la crónica de futbol recurre en dos ocasiones a esta partícula a fin de encontrar los mejores términos de un comentario que está haciendo respecto de un fuerte golpe que había recibido el jugador mexicano Hirving Lozano hacía unos meses y de cómo vuelve a recibir un golpe similar en el partido que se está narrando.

(77) Luis García: Sí, ha sido un tema gravísimo, ¿no? Bueno, habló con David Medrano de, incluso se habló de perder la vida y esta vez se sinceró de forma realmente importante con David y con Guerrero, *eh*, tuvo un violentísimo golpe hace algunos meses y otra vez no se protege, no, no lo ve venir y no se protege y cae prácticamente como, *eh*, noqueado. [Crónica de futbol]

Además es considerado un conector textual con valores de adición. De hecho, se considera uno de los conectores más frecuentes de su tipo que se encarga de relacionar dos miembros discursivos que tienen una misma orientación argumentativa. El segundo miembro discursivo permite al receptor del texto inferir aspectos que difícilmente se podrían inferir solo con el primer miembro (Martín Zorraquino & Portolés Lázaro, 1999: 4094).

Como podemos observar, en nuestros materiales, dicho conector no ha resultado tan frecuente, pues los responsables de la crónica han preferido recurrir a la partícula *y*. En el ejemplo (78), observamos la presencia de este conector precedido del conector contaargumentativo *pero*. El cronista principal del evento de natación recurre a ambos conectores para señalar que el nadador húngaro Kristóf Milák no solamente se lleva la plata, sino que también impone récord europeo.

(78) Jorge Álvarez: Claro, porque terminó superando Miladinov de Bulgaria que terminó en octava posición, vemos justamente aquí el momento del toque final, y, Roberta, amigos, Kristóf Milák sí se llevó la medalla de plata, *pero*, *además*, impuso nuevo récord europeo con ese mencionado 49 68. [Crónica de natación]

Por último, *ya que* es un conector textual de causa-consecuencia, pues como advierte Sánchez Avendaño (2005: 187), la relación existente entre las oraciones causales y las consecutivas se califica de indisociable. Empero, recordemos que para Galán Rodríguez (1999), este conector despliega un valor causal.

Asimismo, este autor propone dos tipos de oraciones causales: a) oraciones integradas y b) oraciones periféricas. Las primeras resultan más dependientes del verbo de la oración principal, ya que se integran a dicho predicado; mientras que las segundas no resultan tan dependientes y con ellas se distinguen dos miembros discursivos (Galán Rodríguez, 1999: 3608). Para este autor, *ya que* es un conector que permite oraciones causales periféricas.

En el fragmento (79), la especialista de patinaje presenta un primer miembro discursivo: *estoy muy emocionada [...]*. Dicho miembro discursivo constituye el hecho o consecuencia de la causa presentada en el segundo miembro discursivo, el cual se encuentra precedido por el conector *ya que*. La causa de dicha emoción consiste en que *[el patinaje artístico femenil] es uno de los deportes más elegantes [...]*.

(79) Lilian Yedid: Estoy muy emocionada de acompañarlos a todos ustedes amigos de Claro Sports en esta final del patinaje artístico sobre hielo en la categoría femenil, *ya que* es uno de los deportes más elegantes y de los eventos más esperados normalmente en los juegos olímpicos sobre todo en la parte femenil. [Crónica de patinaje]

Si bien hemos registrado otros marcadores discursivos en las crónicas del corpus, estos han presentado menos de tres frecuencias. Por ello, consideramos que no nos resulta tan significativo abundar en ellos en la presente obra.

4.16 Unidad al texto e impronta personal de los marcadores discursivos

En los apartados anteriores, hemos visto las funciones que despliegan los marcadores discursivos de mayor asiduidad en los materiales de las crónicas. En este apartado, nos interesa mostrar cómo los marcadores discursivos le confieren unidad al texto hablado y espontáneo. Asimismo, el uso de ciertos marcadores discursivos le imprime al texto cierta impronta personal por parte de los diferentes responsables que intervienen en la crónica.

En el fragmento (80), podemos advertir la presencia de un abanico de marcadores discursivos que le conceden unidad a la crónica de natación. En dichos fragmentos, se aprecia la presencia especialmente de marcadores conversacionales como *bueno*, y de conectores textuales como *porque*.

Es comprensible que tanto marcadores conversacionales como conectores textuales sean frecuentes en las crónicas de nuestros materiales, ya que, mediante los primeros, el cronista no solamente interactúa con los demás corresponsables de la crónica, sino que además va informando al auditorio respecto de cómo debe interpretar el texto. A través de los segundos, el cronista relaciona los diferentes miembros discursivos, confiriendo cierto valor semántico entre ellos.

(80) Roberta Rodríguez: Gracias, *y* también, para mí es un placer compartir esta transmisión contigo, *y bueno*, ¡Qué emoción llevar el penúltimo día de competencias! las finales, Como ya mencionabas tendremos finales. Aquí está la lista justamente los 100 mariposa para los hombres, 200 para mujeres, 800 libres para las mujeres y el relevo combinados en la modalidad de mixto que es una de las pruebas nuevas en estos Juegos Olímpicos. *Y bueno*, las semifinales de los 50 metros libres, un día especial *porque* se buscan *sí* las medallas oro, plata y bronce, *pero* también establecer nuevas marcas mundiales y olímpicas que después de un año tan complicado, Jorge, amigos que nos escuchan, a través de Claro Sports y Marca Claro, *bueno* más de un año casi, prácticamente un año y medio, *pues* se han establecido marcas en algunas de las pruebas, en algunas se esperaban, en otras no. Hago un paréntesis rápido *porque* teníamos en pantalla justamente al nadador de Guatemala que estará en esta gran final de los 100 metros mariposa, *y bueno*, regresamos nada más el tema de los récords, tres récords mundiales establecidos, hasta el día de hoy, diecisiete olímpicos se rompieron veintiséis veces, *pero, bueno*, diecisiete quedaron establecidos como nuevos, *y*, Jorge, en pantalla el estadounidense que también estará buscando justamente romper de nueva cuenta alguna de estas marcas. [Crónica de natación]

En el segmento (81), advertimos un total de diecinueve marcadores a los que recurre el cronista del evento ajedrecístico a fin de darle unidad a su texto y que este sea aceptado sin problemas por el público receptor.

Igualmente, a través de este fragmento podemos observar ciertas preferencias por parte de David Martínez al momento de dar cuenta del evento ajedrecístico. Primeramente, el marcador conversacional *bueno*, seguido en tres ocasiones de la partícula *pues*, se aprecia cuatro veces en este pequeño fragmento. Enseguida, el marcador conversacional *¿no?* aparece en tres ocasiones. Asimismo, el cronista recurre a los marcadores *de hecho* y *así que* dos veces cada uno. Otros marcadores discursivos utilizados por el cronista son *sí, y, pero, la verdad es que* y *por cierto*.

(81) David Martínez: *Sí, bueno, pues*, un Fabi que no se acaba de recuperar *¿no?* Tras ganar a Prag, vamos a ver si va con moral contra Magnus, *pero*, *la verdad es que* Magnus le ganó una muy buena partida *y* Fabiano ahora mismo está perdiendo 10 puntos de ELO *y, de hecho*, voy a ver en la lista esta, estoy viendo la lista en vivo. *Bueno, pues*, Madmeyarov le tiene a tiro, ojo, es que Caruana va bajando diez, Mamedyarov va subiendo ocho con ocho, *así que* si le gana Mamedyarov esta partida le va a pasar a Caruana,

palabras mayores *¿no?* No hace tanto estaban realmente lejos. *Bueno,* *pues* también ese morbillo *¿no?* Ese morbilllo de ver qué pasa exactamente igual; *por cierto,* de la partida entre Rapport y Giri, Rapport, número diez del mundo, Giri, número nueve, si Rapport le gana, le pasará, *de hecho,* si Rapport le gana a Giri no solo le pasará a él, sino que pasará hasta un montón de ellos a Wesley So, a Aronián y Nepo. *Así que* se pondría el número seis del mundo Rapport; *bueno,* una última ronda con bastante contenido, Kevin. [Crónica de ajedrez]

En el caso concreto de (82), podemos observar cómo uno de los especialistas de la crónica de futbol recurre a una decena de marcadores discursivos para que su texto luzca coherente y cohesionado. Asimismo, muestra preferencia por el uso de ciertos marcadores discursivos, en concreto de tres.

El marcador conversacional comprobativo *¿no?* es utilizado en dos ocasiones en este breve fragmento discursivo. Lo mismo sucede con el conector contraargumentativo *pero* y el conector de causa-consecuencia *porque.* Con ello, nos podemos dar cuenta de ciertas tendencias y predilecciones discursivas por parte de los responsables de las diferentes crónicas deportivas. Otros marcadores utilizados por el especialista son los marcadores conversacionales *digamos,* *sí,* la partícula discursiva *y,* así como el marcador *obviamente.*

(82) Luis Roberto Alves: Una reacción, una reacción por parte de esta selección, *digamos* que cayó en un bache, está en una crisis, se puede decir, *pero* los futbolistas igual que el cuerpo técnico saben perfectamente cuáles son los metas, los objetivos, hacia dónde van *¿no?* Hacia dónde queremos que llegue esta selección mexicana, *pero* coincido contigo, es momento de dar un golpe de autoridad *porque* hay demasiado pesimismo *¿no?* En todos los aficionados, es lo que yo veo *y obviamente* esperemos que este grupo de futbolistas nos calle a todos *porque sí* con sus actuaciones nos han generado estas dudas. [Crónica de futbol]

4.17 Síntesis del capítulo

En este capítulo hemos examinado la función textual que despliegan los marcadores discursivos más frecuentes del corpus de nuestro estudio. Por un lado, hemos visto la polifuncionalidad de algunos marcadores y cómo esta depende del contexto y del cotexto específicos en los que se insertan los marcadores para desplegar su función discursiva.

Por otro lado, hemos visto algunos pasajes en los que aparece una diversidad de marcadores a fin de conferirle unidad discursiva a los textos fónicos y espontáneos, y además imprimirle una impronta personal al texto. En otras palabras, la personalidad de los cronistas llega a reflejarse en el texto, en concreto en la preferencia que muestran por la recurrencia de ciertos marcadores y la ausencia de otros.

De tal manera, coincidimos con Meneses (2000: 318–319) en cuanto a que los marcadores discursivos, aunque no pueden coordinarse entre sí, se yuxtaponen unos a otros sin mayor problema. En nuestros materiales hemos identificado pasajes textuales con hasta tres marcadores discursivos yuxtapuestos, cada uno proporcionando indicaciones al oyente para interpretar adecuadamente el texto.

Asimismo, concordamos con el autor en cuanto a que los marcadores discursivos no poseen un valor sémico en sí mismos, pues dicho valor se deriva de la situación comunicativa concreta en la que se utilizan, comportándose de distinta manera en el discurso. De hecho, un mismo cronista puede utilizar un marcador discursivo con diferentes valores discursivos. Por lo tanto, tal como señala Briz (2010: 217), la morfosintaxis y la semántica no son suficientes para explicar la función de los marcadores discursivos y, por lo mismo, debemos servirnos de la pragmática y el discurso.

En el segmento textual de (75), el marcador *de hecho* se encarga de confirmar lo que se dice en el miembro discursivo anterior y además sirve para hacer una precisión en el miembro discursivo que precede, lo que justamente le concede mayor solidez al argumento.

(75) David Martínez: […] Ese morbillo de ver qué pasa exactamente igual, por cierto, de la partida entre Rapport y Giri, Rapport, número 10 del mundo, Giri, número 9, si Rapport le gana, le pasará; *de hecho*, si Rapport le gana a Giri, no solo le pasará a él, sino que pasará hasta un montón de ellos a Wesley So, a Aronián y Nepo. Así que se pondría el número 6 del mundo Rapport, bueno, una última ronda con bastante contenido, Kevin. [Crónica de ajedrez]

La locución adverbial *mientras tanto* es considerada por Calsamiglia Blancafort & Tusón Valls (1999: 248) como un conector textual que despliega valores temporales, más particularmente, valor de simultaneidad entre dos o más acciones. En el ejemplo (76), el cronista principal del evento de balompié se encarga de presentar la alineación del equipo mexicano. El conector *mientras tanto* se utiliza para introducir a los jugadores del mediocampo, pero señala que tanto dichos jugadores como los que se han anunciado anteriormente actuarán en la cancha al mismo tiempo.

(76) Christian Martinoli: Veremos qué es lo que puede hacer el equipo mexicano que va con Ochoa, Jorge Sánchez por la derecha, Domínguez será uno de los centrales junto con Araujo y también estará jugando Vázquez, por el costado de la izquierda estará presente Jesús Gallardo; *mientras tanto* en el mediocampo, Edson Álvarez tendrá el péndulo junto con Héctor Miguel Herrera que necesita más dinámica, Orbelín tendrá la creatividad, al igual que Hirving Lozano y veremos si pueden habilitar al 9 que en esta ocasión será Jiménez. Es el equipo del Tata Martino. [Crónica de futbol]

El caso de *eh* ya ha sido comentado en cuanto a su poca presencia en las crónicas deportivas del presente corpus. Según Martín Zorraquino & Portolés Lázaro (1999: 4199), *eh* es un marcador metadiscursivo conversacional que, al igual que *este*, se utiliza para mantener el turno de habla y no perderlo, así como para ajustar la expresión a lo que se desea señalar. Tal como sucede con la partícula *este*, en el corpus hemos encontrado este marcador metadiscursivo conversacional solamente en la crónica futbolística y únicamente en las intervenciones de los especialistas del evento.

Capítulo V Conclusiones

Este capítulo está dedicado a las conclusiones que se derivan del estudio que llevamos a cabo en la presente obra. Para ello, primeramente, retomamos los objetivos que nos planteamos al inicio del estudio a fin de corroborar en qué medida los hemos alcanzado. Enseguida, hacemos una recapitulación de los hallazgos más importantes de la investigación. Posteriormente, señalamos en dónde yace la originalidad del estudio, así como las limitantes que encontramos a lo largo de este. Por último, planteamos los posibles trabajos que pueden realizarse a fin de complementar esta investigación, así como aquellos que hacen falta para llegar a una comprensión más detallada de los temas aquí abordados.

5.1 Hallazgos

5.1.1 Generalidades cuantitativas

Recordemos que, al inicio de esta obra, señalamos que nuestro objetivo consistía en identificar los marcadores discursivos de más alta frecuencia en el corpus de crónicas deportivas, así como reconocer aquellos marcadores más iterativos en la crónica de cada disciplina deportiva que conformaba el corpus. Esto con la intención de contrastar y poder determinar semejanzas y diferencias al respecto. Por último, nos planteamos el objetivo de esclarecer las funciones que desempeñaban los marcadores discursivos más frecuentes a nivel textual.

Como se puede constatar en este libro, el tercer capítulo lo dedicamos a la exposición de los resultados desde una perspectiva cuantitativa. Por consiguiente, hemos presentado las frecuencias absolutas y relativas de los marcadores más asiduos de nuestros materiales. Por un lado, advertimos cuáles fueron las narraciones en las que se recurrió a un mayor número y variedad de marcadores discursivos. Por otro lado, distinguimos aquellos marcadores con mayor recurrencia en el corpus en general, así como en cada crónica del corpus.

Primeramente, registramos un total de 465 casos de marcadores discursivos y 42 diferentes tipos. Por un lado, los cronistas que se sirvieron de un mayor número de casos y tipos de marcadores fueron aquellos del evento ajedrecístico con un total de 143 *tokens*, lo que corresponde a un poco más del 30 % del corpus. Además de hacer uso de 23 diferentes tipos de marcadores. Cabe señalar que los cronistas de este evento no son periodistas en su formación primaria, sino expertos ajedrecistas, ambos con el título de Maestro Internacional (*IM: International Master*) e incluso entrenadores de jugadores.

Por otro lado, la crónica de patinaje resultó aquella en la que menor número de marcadores se utilizó con apenas 62 que equivalen a un poco menos del 14 %. Como lo mencionamos en su momento, este resultado es comprensible dado que la naturaleza artística de esta disciplina deportiva provoca que los comentaristas guarden largos periodos de silencio al momento de que los patinadores presentan sus respectivas rutinas.

Ahora bien, la crónica de patinaje no fue en donde se presentaron menos *types*, sino la crónica tenística con apenas un total de 11 tipos de marcadores. Esto tampoco resulta extraordinario, porque la disciplina del tenis obliga a los comentaristas a guardar silencio en el momento en el cual los jugadores se encuentran disputando un punto. De tal manera, creemos que los cronistas no buscan recurrir a una gran variedad de marcadores discursivos en su crónica, sino a poder describir lo sucedido en la cancha en el mínimo de tiempo y con el mínimo de palabras entre la disputa de un punto y otro.

5.1.2 Hallazgos cuantitativos específicos

Con base en la clasificación general de Martín Zorraquino & Portolés Lázaro (1999) que hemos compartido en el capítulo I (cf. Tabla 1), los conectores textuales resultaron los marcadores discursivos más utilizados en las crónicas, representando un poco más del 50 % del corpus. Estos fueron seguidos de los marcadores conversacionales con un poco más del 30 %. Luego, los estructuradores de la información con un poco más del 10 %. Finalmente, menos del 1 % correspondió tanto para los operadores argumentativos como para los reformuladores.

En cuanto a los subgrupos derivados de la propuesta de Martín Zorraquino & Portolés Lázaro (1999), complementados con aquellos de Calsamiglia Blancafort & Tusón Valls (2002) y Portolés Lázaro (2016) (cf. Tabla 1), los conectores aditivos resultaron los más frecuentes de las cinco crónicas del corpus con 22.58 %. Enseguida, los conectores textuales contraargumentativos con 15.05 %. Posteriormente, los marcadores metadiscursivos conversacionales con 13.12 %. En cuarto lugar, los enfocadores de la alteridad con 11.83 %. Ulteriormente, los conectores consecutivos con 8.39 %. Subsiguientemente, los conectores causativos con 5.59 %, los digresores con 5.38 % y los marcadores conversacionales de modalidad epistémica con 5.16 %. Los demás subtipos representaron menos del 5 % del corpus.

Ya en lo que concierne a los marcadores discursivos específicos que identificamos en las cinco crónicas, sobresalen catorce marcadores que conforman un poco más del 85 % del corpus. De estos catorce, , hay cinco marcadores en concreto cuyas frecuencias superan las veinte.

El marcador con mayor número de recurrencias es la partícula *y* con un total de 151 (32.47 %) registros. En segundo lugar, el marcador conversacional *bueno* se identifica 53 (11.4 %) veces. Enseguida, *pero* se contabiliza en 47 (10.11 %) instancias. Posteriormente, se encuentra *pues* con 37 (7.96 %) frecuencias. En quinto lugar, *¿no?* se observa 26 (5.59 %) veces. Después, se encuentra *porque* con 18 (3.87 %) registros. El marcador *sí* se identificó 17 (3.65 %) veces. El marcador *así que* se contabiliza con 14 (3.01 %) *tokens*. El marcador *entonces* se ubica en la novena posición con 12 (2.58 %) instancias. En décimo y onceavo lugares, se encuentran los marcadores *digamos* y *desde luego* con 7 (1.5 %) cada uno. El último lugar lo ocupan *incluso*, *la verdad (es) que* y *por otro lado* con 5 frecuencias cada marcador (1.07 %).

5.1.3 *Hallazgos cualitativos específicos*

En el cuarto capítulo de la obra, nos dedicamos a analizar y discutir los resultados expuestos en el capítulo previo, en particular a identificar las diferentes funciones textuales que despliegan los marcadores discursivos más frecuentes en contextos determinados. A continuación, presentamos un resumen respecto de las funciones que registramos de cada uno de los marcadores más asiduos de nuestros materiales.

Marcador discursivo y

El marcador discursivo *y* presenta esencialmente una función de conector aditivo en su tarea de junción tanto de cláusulas como de oraciones. Otras tres funciones que identificamos de *y* en el corpus como conector textual son las siguientes: a) función de digresor, cuando se utiliza para cambiar el tema sin que se sienta una ruptura en la crónica deportiva; b) función consecutiva, cuando sirve para introducir una consecuencia de un hecho ocurrido en el evento deportivo; c) función adversativa y concesiva, cuando se emplea para contraponer dos miembros discursivos o presentar una suerte de causa ineficaz.

Asimismo, el marcador discursivo *y* se distingue al inicio de turno de habla y despliega una función cohesiva entre los dos segmentos discursivos que une. De tal manera, concluimos que este marcador discursivo se concibe como una estrategia comunicativa que se encarga de concederle al texto cierta unidad interna. Por lo tanto, contribuye también a la organización del discurso.

Marcador discursivo bueno

Respecto de *bueno*, este marcador también resulta polifuncional en el corpus. Su función primordial es como marcador conversacional con múltiples valores, a saber: a) aceptar lo dicho por el interlocutor para seguir en el mismo sentido discursivo, b) corregir o precisar lo que se ha dicho en el miembro discursivo anterior, c) expandir el discurso del interlocutor anterior dándole una suerte de continuidad temática en las diferentes intervenciones y d) como *window opener* para presentar un nuevo tema en la conversación.

Asimismo, cabe señalar que el marcador *bueno*, precedido del conector *pero*, despliega un valor de ruptura secuencial. Mientras tanto, seguido de *pues*, el hablante reestablece la continuidad temática, luego de una ligera desviación.

Marcador discursivo pero

En cuanto a *pero*, este marcador presenta una clara función de conector adversativo o contraargumentativo, más precisamente se encarga de contraponer dos cláusulas u oraciones. De manera mucho más esporádica, también se lo identifica con un valor de enfatizador y no de adversativo.

Marcador discursivo pues

El marcador *pues* despliega una diversidad de funciones y valores en nuestros materiales. En primera instancia, *pues* actúa como comentador para mantener el turno de habla y presentar un nuevo aspecto en el texto en una función organizadora del discurso.

Asimismo, *pues* actúa como conector textual de causa-consecuencia, más precisamente de causa. Por último, *pues* también despliega una función metadiscursiva para demarcar y ordenar el texto, regulando el discurso y, así, retrasar la comunicación.

Marcador discursivo ¿no?

La partícula discursiva ¿no? es un marcador conversacional enfocador de la alteridad, más particularmente un apéndice comprobativo. Es una unidad utilizada al final de un segmento discursivo que busca obtener de parte de los interlocutores cierta aprobación e incluso complicidad respecto del miembro discursivo emitido.

Marcador discursivo porque

El marcador *porque* tiene una clara función de conector de causa-consecuencia. Más específicamente se utiliza en oraciones causales periféricas precediendo el segundo miembro discursivo. Asimismo, cabe señalar que en un fragmento textual de nuestros materiales identificamos este conector textual con un valor contraargumentativo. Sin embargo, consideramos que este es un caso totalmente aislado.

Marcador discursivo sí

La partícula discursiva *sí* despliega una clara función de marcador metadiscursivo conversacional en el corpus. En otras palabras, se trata de una partícula o "señal conectiva" que contribuye a ir construyendo la conversación entre los interlocutores en un "trazo de esfuerzo" para organizar el texto.

Marcador discursivo así que

El marcador *así que* funciona como conector textual de causa-consecuencia, más precisamente de consecuencia. En otras palabras, el miembro discursivo que este conector introduce se presenta como una consecuencia derivada de un proceso de deducción del miembro discursivo anterior.

Marcador discursivo entonces

Entonces es un marcador discursivo que despliega una función de conector textual de causa-consecuencia, en concreto de consecuencia. Sin embargo, el sentido consecutivo es un tanto débil, es decir este conector se emplea en contextos en los que no resultan adecuados conectores con un significado consecutivo más fuerte. Por lo anterior, en algunos fragmentos de las crónicas, *entonces* también presenta ciertos tintes de temporalidad.

Marcador discursivo digamos

Este marcador discursivo es un marcador conversacional, en concreto un modalizador en el marco de los marcadores discursivos de modalidad epistémica. En lo particular, *digamos* tiene tres funciones: a) como marca de formulación, b) como mitigador o atenuador y ejemplificador, c) como modalizador que presenta un valor aproximativo.

Marcador discursivo desde luego

La unidad discursiva *desde luego* tiene una función de marcador conversacional, más específicamente, de reforzador de una aserción que reitera el miembro discursivo anterior. Se trata de un marcador discursivo de modalidad epistémica, en concreto un modalizador que sirve para presentar evidencias.

Marcador discursivo incluso

El marcador *incluso* tiene una evidente función de conector textual de valor aditivo. Incluso une dos miembros discursivos tanto a nivel semántico como a nivel pragmático. Asimismo, en ocasiones, es empleado al inicio del turno de habla para dar continuidad al miembro discursivo enunciado por el interlocutor.

Marcador discursivo la verdad (es) que

El marcador *la verdad (es que)* despliega una función de modalización. Es una partícula discursiva de modalidad epistémica que puede utilizarse como parentética o integrarse sintácticamente en la cláusula. Se utiliza como partícula de refuerzo argumentativo, para expresar compromiso del hablante con lo que dice. También se usa con fines atenuativos e incluso para mostrar contrariedad y reforzar una réplica.

Marcador discursivo por otro lado

El marcador discursivo *por otro lado* es un estructurador de la información que tiene la función de organizar la información presentada en el texto. Más concretamente, este marcador discursivo es un ordenador de continuidad, ya que indica que el miembro discursivo en donde se inserta forma parte de una serie de la que no es el elemento inicial.

La tabla 10 muestra un resumen de las funciones textuales que despliegan los marcadores discursivos que hemos registrado en el corpus del presente estudio.

Como se ha podido apreciar en las elucidaciones anteriores, así como en la tabla 10, los conectores con diversos valores semánticos como aditivo, contraargumentativo, causal, consecutivo y temporal resultaron los tipos de marcadores más asiduos en los materiales. Consideramos que esto no resulta inesperado, ya que la función de los conectores es aquella de relacionar dos miembros discursivos textual y pragmáticamente a fin de ir construyendo un texto coherente y cohesionado.

Tabla 10. Resumen de las funciones de los marcadores discursivos más iterativos del corpus

Marcador discursivo	Funciones textuales encontradas en el corpus
Y	• Conector textual aditivo • Digresor • Conector consecutivo • Conector adversativo-concesivo
Bueno	• Marcador conversacional de modalidad deóntica • Marcador metadiscursivo conversacional • *Window-opener*
Pero	• Conector textual contraargumentativo/ valor de enfatizador
Pues	• Comentador para mantener el turno de habla • Conector textual de causa-consecuencia • Marcador metadiscursivo para demarcar y ordenar el texto
¿No?	• Marcador conversacional enfocador de la alteridad: apéndice comprobativo
Porque	• Conector textual de causa-consecuencia
Sí	• Marcador conversacional: marcador metadiscursivo conversacional
Así que	• Conector textual de causa-consecuencia
Entonces	• Conector textual de causa-consecuencia (con tintes de temporalidad)
Digamos	• Marcador conversacional de modalidad epistémica: modalizador
Desde luego	• Marcador conversacional de modalidad epistémica: modalizador
Incluso	• Conector textual aditivo
La verdad (es) que	• Marcador conversacional de modalidad epistémica: modalizador
Por otro lado	• Estructurador de la información: ordenador de continuidad

Asimismo, los marcadores conversacionales de diferentes tipos han resultado también recurrentes en el corpus de esta investigación. Tampoco es sorprendente encontrar este tipo de partículas discursivas, ya que su tarea es aquella de mantener el contacto metacomunicativo entre las diferentes partes involucradas con la finalidad de tener un texto equilibrado entre los participantes que en él intervienen.

Algunas de estas partículas sirven para conservar el turno de habla y hacer que el texto parezca fluido y sin interrupciones; otras partículas buscan la aprobación y empatía por parte de los interlocutores respecto de lo que se está diciendo; otras más preparan al receptor del texto en un cambio de temática.

Es importante advertir que, si bien encontramos algunos marcadores metadiscursivos conversacionales como *eh* y *este* en nuestros materiales, las frecuencias de ambos fueron realmente bajas, considerando que el género discursivo donde llevamos a cabo este estudio es un texto fónico y con rasgos prototípicos del texto hablado, es decir producido con un alto grado de espontaneidad.

Por un lado, creemos que los cronistas intentan evitar este tipo de marcadores metadiscursivos conversacionales por enseñanzas que han recibido en su formación como periodistas, esto es con la finalidad de evitar expletivos o muletillas en la construcción de sus textos.

Por otro lado, notamos algunos alargamientos de ciertas palabras, con lo que los diferentes responsables de la crónica lograban mantener su turno de habla. Esto nos lleva a concluir que los cronistas se sirven de otros recursos lingüísticos que pudieran resultar menos prohibitivos para el mundo del periodismo.

Ciertamente, no hemos considerado estos recursos lingüísticos como parte de nuestro objeto de estudio en la presente obra. Empero, resulta pertinente que en otra investigación se analicen a detalle dichos medios de marcación discursiva tanto en este género textual como en otros de índole semejante.

5.2 Originalidad

La originalidad de la presente obra yace en el hecho de presentar un estudio sobre marcadores discursivos enfocado en un género textual específico, la crónica deportiva. Así pues, esta investigación no se ha centrado en el estudio de un solo marcador discursivo y sus diferentes funciones en distintos cotextos y contextos[33], sino que hemos querido partir de la realidad del ámbito deportivo e identificar de qué marcadores se ayudan los cronistas para construir sus textos en distintas disciplinas deportivas.

Si bien existen estudios previos que se han realizado sobre marcadores discursivos en el ámbito deportivo (cf. Quintero Ramírez, 2016; López Chumbe, 2019), el nuestro se enfoca en un género discursivo fónico y producido con espontaneidad e inmediatez, lo que implica resultados diferentes de nuestros antecedentes que se han basado en corpus de géneros discursivos escritos y con diferente grado de elaboración.

---

33 Como la vasta bibliografía existente.

Por un lado, en el caso concreto de Quintero Ramírez (2016), la autora se enfoca en un corpus constituido de seis textos del blog del cronista deportivo José Ramón Fernández en ESPN. Los textos se publicaron en el blog del periodista entre septiembre de 2012 y abril de 2013, tratando múltiples eventos deportivos. En este estudio, los marcadores discursivos más frecuentes son los conectores textuales con más del 80 % de las recurrencias, seguidos por los marcadores conversacionales con un poco más del 15 % y, finalmente, los estructuradores de la información con apenas 1 % del corpus. Los demás tipos de marcadores no aparecieron en los materiales.

Entre los conectores más frecuentes se encontraron los contraargumentativos, en concreto *pero, sin embargo, no obstante, mientras que* y *aunque*. De los marcadores conversacionales, los más iterativos fueron aquellos de modalidad epistémica, más particularmente *sin duda* y *seguramente*. De los estructuradores de la información, solamente se registró el ordenador de cierre *por último*.

Por otro lado, López Chumbe (2019) presenta un estudio cuyo objetivo consiste en identificar los marcadores del discurso en la redacción de textos enfocados en futbol publicados en el diario deportivo *El Bocón* durante el Torneo de Apertura de 2017. En pos de lograr el objetivo planteado, conformó un corpus de 104 textos de dicho diario. En su estudio, el autor señala que los conectores textuales figuran como los marcadores discursivos más productivos con más del 70 % del corpus. Estos fueron seguidos de los estructuradores con un poco más del 15 %. Posteriormente, el autor encontró un poco más del 5 % de marcadores conversacionales, menos del 3 % de reformuladores y menos del 1 % de marcadores argumentativos.

De los conectores textuales, los contraargumentativos resultan los más iterativos, específicamente *sin embargo, pero, ahora, esta vez, eso sí, por ahora, fue así que, por el momento, y ahora, es así que, y si bien* y *en seguida*. De los estructuradores, los ordenadores resultaron los más frecuentes, en particular *luego, finalmente, después, de otro lado*, entre otros. De los marcadores conversacionales, los enfocadores de la alteridad, en específico *bueno*, fueron los más recurrentes. De los reformuladores, los explicativos fueron los más asiduos: *esto es, igual, es decir, o sea* y *de igual modo*. Por último, de los operadores argumentativos, *de hecho* y *en realidad*, pertenecientes a aquellos de refuerzo argumentativo, resultaron los más comunes.

Con lo anterior, podemos observar que el hecho de que los textos examinados hayan sido escritos (no fónicos como los nuestros) y con cierta tendencia a la elaboración (no a la espontaneidad como es el caso de nuestro estudio) ha provocado ciertos resultados diferentes a aquellos de la presente investigación. En concreto, en ambos trabajos, los conectores textuales resultaron los

marcadores más productivos con más del 80 y 70 % de los materiales analiza-
dos. En nuestro estudio, los conectores textuales también resultan los marcadores más recurrentes. Sin embargo, el porcentaje de estos resulta notablemente
más bajo, pues representa un poco más del 50 % del corpus.

Asimismo, en cuanto al tipo de conectores textuales más iterativos, en
ambos trabajos se advierte que los conectores contraargumentativos resultan
los más asiduos; mientras que en el nuestro los conectores aditivos representan,
por mucho, los conectores más frecuentes del corpus. Esto es totalmente comprensible, pues, tal como advierten Koch & Oesterreicher (2007: 21) el medio
en el que se produce el género textual analizado resulta muy significativo en
cuestión de los resultados cuantitativos.

Ahora bien, al igual que en Quintero Ramírez (2016) y a diferencia de López
Chumbe (2019), los segundos marcadores más iterativos en nuestros materiales resultaron los marcadores conversacionales. Esto tiene sentido hasta cierto
punto, ya que, siguiendo las observaciones de Koch & Oesterreicher (2007: 21),
si bien en el trabajo de Quintero Ramírez (2016) se examina un texto producido
en un medio escrito: el blog, dicho género discursivo tiende un tanto a la concepción de lo hablado, es decir es concebido con un cierto grado de informali-
dad y, hasta cierto punto, de espontaneidad, rasgos que alcanza a compartir con
el género discursivo analizado en la presente obra, aunque el grado de espontaneidad con el que se concibe la crónica deportiva resulta mucho más alto.

Ahora bien, la crónica deportiva es un texto fónico espontáneo que tiene la
finalidad no solo de narrar las acciones que acontecen en diferentes escenarios
deportivos, sino también de resultar creativo y atractivo para el auditorio al
que está destinado. En la persecución de estas dos características, los cronistas
combinan sus conocimientos deportivos a través de estadísticas y cuestiones
técnicas y los combinan con sus competencias lingüísticas para dar como resultado un texto fluido, expresivo y emotivo.

Consideramos que lo anterior ha resultado decisivo para nuestro estudio,
específicamente en la recurrencia de ciertos marcadores discursivos, pues tal
como lo señala López Chumbe en su estudio: "[a] partir de estos hallazgos se
infiere que muchos de estos marcadores discursivos resultan más apropiados
para ciertos géneros textuales [...]" (2019: 26).

Por todo lo mencionado anteriormente, consideramos que un estudio del
fenómeno de los marcadores discursivos en un género discursivo periodístico
tan específico como la crónica deportiva audiovisual resulta novedoso por
varias razones. En primera instancia, los resultados que arroja nos permiten
determinar las tendencias de marcación discursiva que existen en la crónica,

en particular qué marcadores resultan los más asiduos para hacer de este texto una unidad discursiva.

En segundo lugar, los resultados de este estudio también nos permiten advertir el tipo de marcadores que los cronistas deportivos tratan de evitar en la crónica ya sea porque el género discursivo no se presta para el uso de ciertos marcadores, ya sea porque ciertos marcadores se consideran inadecuados en el periodismo audiovisual.

Somos conscientes de que los resultados que este estudio presenta no pueden ser por ningún motivo definitivos. También somos conscientes de la necesidad de más investigaciones en torno a este tema, así como con base en corpus un poco más extensos. Por ello, en el siguiente apartado, nos parece importante presentar las limitantes de esta investigación.

5.3 Limitantes

En cuanto a las limitantes a las que nos hemos enfrentado a lo largo de este estudio, cabe señalar que solamente conformamos un corpus modesto de fragmentos de quince minutos de crónicas de eventos correspondientes a cinco diferentes disciplinas deportivas. Ciertamente, un periodo de quince minutos de cada crónica nos presenta un panorama general respecto del uso de los marcadores discursivos, pero no da cuenta de todos los marcadores que pudieron haberse empleado a lo largo de la crónica.

Asimismo, si bien consideramos deportes acuáticos, invernales, intelectuales, artísticos, de combate, de actuación por separado, de actuación paralela, etc., habría sido mucho más enriquecedor contar con las crónicas de eventos de otro tipo de deportes, por ejemplo, ecuestres (hipismo), extremos (paracaidismo) de contacto (pugilismo), de precisión (golf), de motor (automovilismo), de fuerza (halterofilia), entre otros. Y es que una verdadera dificultad para nosotros representa el hecho de conseguir crónicas completas en español de este tipo de disciplinas deportivas. Por consiguiente, el hecho de dejar fuera los deportes antes aludidos representa una limitante de esta investigación.

Otra limitante del estudio es que los pocos eventos completos de ciertos deportes, que no son tan populares como el futbol, no solamente son transmitidos por las mismas cadenas televisivas (o los mismos medios audiovisuales), sino que además dichos eventos son narrados por los mismos cronistas. Esto puede evidenciarse en el caso concreto de Roberto Peláez que resulta el cronista principal tanto del evento de tenis como del evento de patinaje. De tal manera, el conflicto de encontrar medios de transmisión diversos, así como múltiples cronistas figura como otra limitante de la que somos conscientes.

En este sentido, es nuestro deber comentar que nos habría gustado analizar las narraciones de diversos cronistas de las diferentes disciplinas aquí examinadas. A manera de ejemplo, cabe señalar que en esta obra no hemos podido contar con las narraciones de José Fernando Cuenca Jiménez, más conocido como Pepe Cuenca, o de Leontxo García Olasagasti, conferencista, comentarista y periodista, ambos con crónicas muy particulares[34] en el mundo del ajedrez.

Igualmente, es importante señalar que no todos los responsables de narrar los diferentes eventos deportivos tienen una formación en el periodismo. Hay especialistas que han recibido esta preparación de manera informal e incluso hay otros especialistas que la han adquirido sobre la marcha, esto es a fuerza de narrar y comentar los eventos deportivos. Si bien este último aspecto no es una limitante en sí misma, sí es una situación de la que debemos advertir al lector de esta obra.

5.4 Futuros estudios

Ciertamente, hemos examinado la función textual que despliega un considerable número de marcadores discursivos en el marco de un género textual hablado y espontáneo, o en términos de Wolf & Oesterreicher (2007), un texto de medio fónico y concepción hablada, a saber: la crónica deportiva.

Sin embargo, como hemos mencionado en el apartado de las limitantes, nos parece que han quedado algunas variables fuera de este estudio que sería muy pertinente retomar para futuras investigaciones. Como se comentó anteriormente, nos parecería muy interesante llevar a cabo un estudio contrastivo de los marcadores discursivos utilizados por diferentes cronistas de una misma disciplina deportiva, incluso de un mismo evento. A manera de ilustración, resultaría original un estudio que analice los marcadores discursivos utilizados por diferentes cronistas de ajedrez, como: David Martínez "El Divis", Kevin Paveto, José "Pepe" Cuenca, Leontxo García y Luis Fernández Siles "Luisón".

La idea anterior podría replicarse en el marco de otras disciplinas deportivas con crónicas de periodistas de diferentes cadenas de televisión o medios de transmisión. Consideramos que esto puede llevarse a cabo especialmente en el caso de deportes populares que llegan a ser transmitidos por diferentes vías, tal es el caso del futbol.

---

34 Cada uno con su propio estilo. Por un lado, Pepe Cuenca con un estilo explosivo y creativo que atrae a los jóvenes aficionados. Por otro lado, Leontxo García con un estilo mucho más pausado, serio y sumamente analítico.

Asimismo, consideramos que existen todavía algunos otros recursos lingüísticos de los que se sirven los cronistas deportivos que pudieran hacer las veces de marcadores discursivos o al menos contribuir en la marcación discursiva y que no se han estudiado en la presente obra. En efecto, tal como hemos señalado anteriormente, un aspecto que hemos observado en los cronistas de este trabajo es la recurrencia a alargamientos de ciertas palabras con la intención de mantener el turno de habla de quien está interviniendo. Tan solo este fenómeno nos parece digno de análisis lingüístico.

Igualmente, hemos de plantear la propuesta de García Fernández (2006) respecto de la posibilidad de considerar ciertas perífrasis verbales como perífrasis discursivas y, por consiguiente, como posibles recursos de marcación discursiva. Ciertamente, a modo de ejemplo, perífrasis como *empezar/ comenzar + gerundio* o *empezar/ comenzar por + infinitivo* son sumamente utilizadas en diversos géneros discursivos con un valor ordenador, en este caso de apertura.

Coincidimos con García Fernández en cuanto a que dichas construcciones perifrásticas más que aportar información al texto, lo que hacen es justamente establecer una relación entre los diferentes miembros discursivos, desplegando un significado procedimental, tal como ocurre con los marcadores del discurso.

Consideramos que dichos recursos perifrásticos pueden analizarse en el marco de corpus como el nuestro a fin de seguir indagando respecto de cómo articulan su discurso los cronistas deportivos. Además de lo anterior, es ideal examinar cómo inciden dichos recursos perifrásticos en el hecho de que las crónicas deportivas resulten no solamente comprensibles, sino además interesantes y atractivas para el teleauditorio.

Por su parte, tanto Lhote & Abubakr (1993: 18) como Caldiz (2012: 12) señalan que existen ciertas figuras entonativas que son capaces de establecer relaciones paratáxicas en el discurso. Con base en las posibilidades de marcación discursiva antes aludidas, parece pertinente examinar estas en corpus de crónicas deportivas, como el nuestro, a fin de determinar todos los medios a los que recurren los periodistas deportivos para marcar su discurso y hacer que sus textos sean considerados, de nueva cuenta, tanto interesantes como atractivos.

Como advertimos en los párrafos anteriores, los posibles estudios que pueden realizarse en torno a la marcación discursiva en el discurso periodístico deportivo, en concreto de textos hablados y espontáneos, son numerosos. Consideramos que las crónicas deportivas constituyen un excelente género textual para poder llevar a cabo múltiples investigaciones respecto de la marcación discursiva. De ahí que esperamos, en un futuro próximo, seguir contribuyendo con este tipo de estudios.

Referencias bibliográficas

Alcina Franch, J. & Blecua, J. M. (1975). *Gramática española*. Barcelona: Ariel.

Álvarez, A. (1999). "Las construcciones consecutivas", en Bosque, I. & Demonte, V. (dirs.), *Gramática descriptiva de la lengua española*, (pp. 3739–3804). Madrid: Espasa-Calpe.

Antezana, L. H. (2003). "Fútbol: espectáculo e identidad", en Alabarces, P. (coord.), *Futbologías: Fútbol, identidad y violencia en América Latina*, (pp. 85-98). Buenos Aires: CLACSO.

Arias, F. G. (2012). *Éxito deportivo de países latinoamericanos en Juegos Olímpicos y Panamericanos (1967–2008). Aproximación a las variables socioeconómicas asociadas*. Tesis doctoral. Caracas: Universidad Central de Venezuela.

Armañanzas, E. (2008). "Entre el crochet y el endecasílabo. Manuel Alcántara cronista de boxeo", en León Gross, T. & Gómez Calderón, B. (coords.), *El artículo literario: Manuel Alcántara*, (pp. 239–261). Málaga: Universidad de Málaga UMA.

Augendre, S., Mathon, C., Boyé, G. & Kupsc, A. (2014). « Influence des contraintes extra-linguistiques sur le discours: cas du commentaire sportif télévisé », en *Actes du Congrès Mondial de Linguistique Française – CMLF 2014*, (pp. 1905-1924). Berlín: Collection des Congrès Mondiaux de Linguistique Française.

Baiget i Vidal, E. (2011). Rendimiento, volumen competitivo y nivel de juego en tenistas profesionales. *Cronos*, 10(1), 57–63.

Bandera Castro, Y. (2015). Estudio de los componentes del proceso de entrenamiento del ajedrez categoría escolar de alto rendimiento. *Arrancada*, 15(27), 49–58.

Barcelo, L. J. (1963). Petit essai sur le Patin à glace. *Vie des Arts*, 29, 28–37.

Blakemore, D. (1987). *Semantic constraints on relevance*. Oxford: Blackwell.

Blakemore, D. (1992). *Understanding utterances*. Oxford: Blackwell.

Blanco Hernández, U. J. (2020) ¿Qué nos hubiera contestado Capablanca a la pregunta, es el ajedrez un deporte? *Ciencia y Deporte*, 5(1), 1–12.

Borreguero Zuloaga, M. & Loureda, O. (2013). Los marcadores del discurso: ¿un capítulo inexistente en la NGLE? *Lingüística Española Actual*, 35(2), 181–210.

Borzi, C., Trípodi, M. & García Jurado, M. A. (2020). "Confluencia entre pistas perceptivas y configuraciones prosódicas del marcador discursivo 'entonces' en posición intercláusulas", en Caldiz, A. y Rafaelli, V. (coords.), *Exploraciones fonolingüísticas: V Jornadas Internacionales de Fonética y Fonología y I Jornadas Nacionales de Fonética y Discurso (2017: Ensenada)*, (pp. 219–232). La Plata: Universidad Nacional de La Plata. Recuperado de: https://www.libros.fahce.unlp.edu.ar/index.php/libros/catalog/book/168. Fecha de acceso: 16 de diciembre de 2021.

Briz, A. (1998). *El español coloquial en la conversación. Esbozo de pragmagramática*. Barcelona: Ariel.

Briz, A. (2010). "Notas para el estudio de las relaciones entre las partículas y la atenuación", en Bernal, M. & Hernández Flores, N. (eds.), *Estudios sobre lengua, sociedad y cultura. Homenaje a Diana Bravo*, (pp. 67–77). Estocolmo: Universidad de Estocolmo.

Brucart, J. M. (1999). "La elipsis", en Bosque, I. & Demonte, V. (dirs.), *Gramática descriptiva de la lengua española*, (pp. 2787–2863). Madrid: Espasa Calpe.

Caldiz, A. (2012). Prosodia, polifonía y marcadores del discurso. Un análisis de discurso académico oral. *Actas II Coloquio Internacional Marcadores del discurso en lenguas románicas: un enfoque contrastivo*, (pp. 13–23). Buenos Aires: Instituto de Lingüística de la Facultad de Filosofía y Letras.

Calsamiglia Blancafort, H. & Tusón Valls, A. (2002). *Las cosas del decir. Manual de análisis del discurso*. Barcelona: Ariel.

Capretti, S. (2011). La cultura en juego. El deporte en la sociedad moderna y post-moderna. *Trabajo y sociedad*, 16, 231–250.

Cárdenas Sánchez, N. S. (2018). "Las figuras del fútbol: un acercamiento desde el análisis del discurso", en Reyes Corredor, G. I. & Tovar González, L. (eds.), *Investigaciones en filosofía y cultura en Colombia y América Latina*, (pp. 243–258). Bogotá: Ediciones USTA.

Cortés Rodríguez, L. (1991). *Sobre conectores, expletivos y muletillas en el español hablado*. Málaga: Librería Ágora.

Cuenca, M. J. (1995). Mecanismos lingüísticos y discursivos de la argumentación. *Comunicación, lenguaje y educación*, 7(2), 23–40.

De Beaugrande, R. A. & Dressler, W. U. (1997). *Introducción a la lingüística del texto*. Barcelona: Ariel.

De Moragas, M. (1994). Deportes y medios de comunicación. Sinergias crecientes. *Telos*, 38, 58–62.

De Vega, M. (2005). El procesamiento de oraciones con conectores adversativos y causales. *Cognitiva*, 17, 85–108.

Domínguez García, M. N. (2007). *Conectores discursivos en textos argumentativos breves*. Madrid: Arco/Libros.

Domínguez, M. E., Britez, J. & Piñeyro, C. (2011). "Contenido social de un deporte psicomotriz, la natación", en *XIV Seminario Internacional y II*

Latinoamericano de Praxiología Motriz, (pp. 1–8). La Plata: Universidad Nacional de La Plata.

Dorta, J. & Domínguez, M. N. (2001). Polifuncionalidad discursiva y comportamiento prosódico prototípico del marcador *pues*. *Español Actual*, 75, 45–53.

Dunn, M., Goodwill, S., Wheat, J. & Haake, S. (2011). Assessing Tennis Player Interactions with Tennis Courts. *Portuguese Journal of Sport Sciences*, 11 (Suppl. 2), 859–862.

Elvira, J. (2009). *Evolución lingüística y cambio sintáctico*. Berna: Peter Lang.

Ermiş, E. & Erilli, N. (2017). Analysis of Chess Grand Masters. *European Journal of Physical Education and Sport Science*, 3(11), 221–233.

Errázuriz Cruz, M. C. (2012). Análisis del uso de los marcadores discursivos en argumentaciones escritas por estudiantes universitarios. *Perfiles Educativos*, 34(136), 98–117.

Errázuriz Cruz, M. C. (2014). El desarrollo de la escritura argumentativa académica: los marcadores discursivos. *Onomázein*, 30(2), 217–236. DOI: 10.7764/onomazein.30.13.

Escandell Vidal, M. V. (1996). *Introducción a la pragmática*. Barcelona: Ariel.

Escandell-Vidal, M. V., Leonetti, M. & Ahern, A. (2011). *Procedural meaning: problems and perspectives*. Bingley: Emerald.

Fernández Amigo, J. (2008). *Utilización de Material Didáctico con Recursos de Ajedrez para la Enseñanza de las Matemáticas. Estudio de sus efectos sobre una muestra de alumnos de 2º de Primaria*. Tesis Doctoral. Bellaterra: Universidad Autónoma de Barcelona.

Fernández Bernárdez, C. (2005). "Fraseología metalingüística con decir. Análisis de algunas unidades que expresan acuerdo intensificado", en Casado Velarde, M., González Ruiz, R. & Loureda Lamas, O. (eds.), *Estudios sobre lo metalingüístico*, (pp. 119–145). Frankfurt: Peter Lang.

FIDE Handbook: http://www.fide.com/fide/handbook.html?id=171&view=article. Fecha de acceso: 30 de octubre de 2021.

Galán Rodríguez, C. (1999). "La subordinación causal y final", en Bosque, I. & Demonte, V. (eds.), *Gramática Descriptiva de la Lengua Española*, (pp. 3597–3642). Madrid: Espasa-Calpe.

Galindo Cáceres, J. (2010). "Comunicología, comunicometodología y deporte. Crítica epistemológica de las Ciencias y las ingenierías del deporte", en Martínez, S. (coord.), *Fútbol-espectáculo, Cultura y Sociedad*, (pp. 53–67). Ciudad de México: Afínita.

Garcés Gómez, M. P. (2006). "Marcadores del discurso y actos de habla", en Casado Velarde, M., González Ruiz, R. & Romero Gualda, M. V. (coords.),

Análisis del discurso: lengua, cultura, valores: Actas del I Congreso Internacional, (pp. 1311–1324). Madrid: Arco Libros.

García Fernández, L. (dir.). (2006). "Perífrasis verbales en español", en *Diccionario de perífrasis verbales*, (pp. 9–58). Madrid: Gredos.

García García, F. & Arroyo Almaraz, I. (2013). Las crónicas de los diarios generalistas y deportivos de la final FIFA World Cup (South Africa). *Estudios sobre el Mensaje Periodístico*, 19(1), 131–146.

García González, V. (2009). La importancia social del deporte en el proceso civilizador: el caso del fútbol bandera. *Razón y Palabra*, 14(69), 1–11.

García Orta, M. J. & Tellechea Rodríguez, J. M. (2010). "Géneros periodísticos y normas en la redacción radiofónica", en Reig, R. (coord.), *La dinámica periodística: perspectiva, contexto, métodos y técnicas*, (pp. 108–127). Sevilla: Asociación Universitaria Comunicación y Cultura.

Gili Gaya, S. (1973). *Curso superior de sintaxis española*. Barcelona: Vox.

Gómez Echeverri, D. (2008). *La narración de fútbol en Colombia: voces y estilos*. Tesis de grado. Bogotá: Pontificia Universidad Javeriana.

Gonzalo Gómez, P. (2013). El marcador discursivo 'bueno'. Análisis y propuesta didáctica. *Signos ELE*, 7. http://p3.usal.edu.ar/index.php/ele/article/view/1165. Fecha de acceso: 12 de enero de 2022.

Grajales Alzate, R. (2011). Funciones del marcador discursivo 'pues' en el habla de Medellín, Colombia. *Forma y Función*, 24(1), 25-45.

Guerrero Salazar, S. (2018a). *Creatividad y juego en el discurso deportivo de la prensa: aportaciones léxico-semánticas*. Madrid: Arco Libros.

Guerrero Salazar, S. (2018b). Neologismos estilísticos en los titulares de la prensa deportiva española: 'NP+-azo/-ada'. *Círculo de Lingüística Aplicada a la Comunicación*, 75, 173–190.

Guillén García, F. & Vasconcelos Raposo, J. J. (2002). "Psicología aplicada a la natación", en Dosil, J. (ed.), *El psicólogo del deporte: asesoramiento e intervención*, (pp. 411–442). Madrid: Síntesis.

Gutvay, M. & Fernández Amigo, J. (2012). Criterios de evaluación de los procesos de enseñanza y aprendizaje de un programa de ajedrez digital. *Tendencias pedagógicas*, 19, 131–148.

Hernández Alonso, N. (2003). *El lenguaje de las crónicas deportivas*. Madrid: Cátedra.

Hernández Sampieri, R., Fernández Collado, C. & Baptista Lucio, M. P. (2014). *Metodología de la investigación* (sexta edición). Ciudad de México / Bogotá / Buenos Aires: McGraw Hill Education.

Hernández-Jaña, S., Jorquera-Aguilera, C., Almagià-Flores, A. A., Yáñez-Sepúlveda, R. & Rodríguez-Rodríguez, F. (2021). Composición corporal y proporcionalidad en futbolistas chilenos. Diferencias entre categorías juveniles y campeones profesionales. *International Journal of Morphology*, 39(1), 252–259.

Herrero Gutiérrez, F. J. (2012). Las retransmisiones deportivas radiofónicas en España: un análisis textual. *Pangea*, 7, 118–135. https://doi.org/10.52203/pan gea.v3i1.45. Fecha de acceso: 20 de diciembre de 2021.

Hines, J. R. (2011). *Historical Dictionary of Figure Skating*. Lanham/ Toronto/ Plymouth: Scarecrow Press.

Karayev, A. A. (2016). Specifics of chess terminology, *Наука, техника и образование*, 6(24), 311–314.

Koch, P. & Oesterreicher, W. (2007). *Lengua hablada en la Romania: español, francés, italiano*. Madrid: Gredos.

Koning, R. H. (2005). Home advantage in speed skating: Evidence from individual data. *Journal of Sports Sciences*, 23(4), 417–427.

Kowalczyk, A. D., Geminiani, E. T., Dahlberg, B.W., Micheli, L. J. & Sugimoto, D. (2019). Pediatric and Adolescent Figure Skating Injuries: A 15-Year Retrospective Review. *Clinical Journal of Sport Medicine*, 20(2).

Lasker, E. (1997). *Manual de ajedrez*. Madrid: Jaque XXI.

Lhote, E. & Abubakr, N. (1993). 'Tu dis?' L'intonation, un marqueur discursif méconnu. *CILA (Commission interuniversitaire suisse de linguistique appliquée)*, 57, 9–23.

Llana Belloch, S., Priego Quesada, J. I., Pérez Soriano, P. & Lucas Cuevas, A. (2013). La investigación en la biomecánica aplicada a la natación: evolución histórica y situación actual. *Citius, Altius, Fortius*, 6(2), 97–14.

López Chumbe, M. (2019). Una aproximación cuantitativa en la incidencia del uso de marcadores en la redacción de la prensa deportiva: el Torneo Clausura 2107 a través del diario 'El Bocón'. *Tesis*, 12(15), 11–32.

Lora Sánchez, G. & Ruíz Holguín, S. (1998). "La relevancia de la natación en la formación integral del adulto", en *Jornadas Internacionales sobre Educación Popular y Desarrollo Local*, (pp. 427–430). Sevilla: Universidad de Sevilla.

Loureda Lamas, O. (2010). Marcadores del discurso, pragmática experimental y traductología: horizontes para una nueva línea de investigación (I). *Pragmalingüística*, 18, 74–107.

Maldonado, R. & Palacios, P. (2015). "*Bueno*, a Window Opener", en Daems, J., Zenner, E., Heylen, K., Speelman, D. & Cuyckens, H. (eds.), *Change of*

Paradigms – New Paradoxes: Recontextualizing Language and Linguistics, (pp. 97–107). Berlin, Munich, Boston: Walter de Gruyter.

Mapelli, G. (2004). "Locuciones del lenguaje del fútbol", en *Atti del XXI Congresso dell'AISPI, Letteratura della memoria. La memoria delle lingue: la didattica e lo studio delle lingue della penisola iberica in Italia*, (pp. 171–181). Lippolis: Messina.

Mapelli, G. (2009). "La prima pagina del 'Marca': specchio della creatività del linguaggio del calcio", en Hernán-Gómez B. (ed.), *Il linguaggio dello sport, la comunicazione e la scuola*, (pp. 199–213). Milán: LED.

Mapelli, G. (2010). Ámbitos semánticos del lenguaje del fútbol en Italia. *Monográficos marcoELE. Las lenguas de especialidad y su enseñanza*, 11, 159–175.

Marín Montín, J. M. (2000). La crónica deportiva: José A. Sánchez Araujo. *Ámbitos*, 5, 241–257.

Martín Zorraquino, M. A. (2006). "Los marcadores del discurso en español: balance y perspectivas para su estudio", en Casado Velarde, M., González Ruiz, R. & Romero Gualda, M. V. (coords.), *Lengua, cultura, valores. Actas del I Congreso Internacional* (Universidad de Navarra, Pamplona, noviembre de 2002), (pp. 43–64). Madrid: Arco/Libros.

Martín Zorraquino, M. A. & Portolés Lázaro, J. (1999). "Los marcadores del discurso", en Bosque, I. & Demonte, V. (dirs.), *Gramática descriptiva de la lengua española*, (pp. 4051–4213). Madrid: Espasa Calpe.

Mathon, C. & Boulakia, G. (2009). « Le commentaire sportif en direct: une combinatoire de différentes fonctions de la prosodie », en Yoo, H.-Y. & Delais-Roussarie, E. (eds.), *Actes de la conférence « Interface, discours et prosodie »*, (pp. 287–301). Paris.

Medina Cano, F. (1995). Los narradores deportivos y sus epopeyas cotidianas. *Estudios sobre las Culturas Contemporáneas*, 1(2), 69–106.

Medina Montero, J. F. (2007). "La metáfora en el léxico futbolístico: el caso de los participantes en español, y sus posibles equivalentes en italiano", en Luque Toro, L. (coord.), *Léxico español actual (Actas del I Congreso Internacional de Léxico Español Actual, VeneciaTreviso, 14–15 de marzo de 2005)*, (pp. 197–239). Venezia: Università Ca' Foscari Venezia.

Menéndez Varas, S. A. (2017). *Análisis de la demanda potencial para el diseño de una pista sintética de patinaje sobre hielo en Guayaquil*. Tesis doctoral. Guayaquil: Universidad De Guayaquil.

Meneses, A. (2000). Marcadores discursivos en el evento 'conversación'. *Onomázein*, 5, 315–331.

Montolío Durán, E. (2001). *Conectores de la lengua escrita*. Barcelona: Ariel.

Morales Alvial, M. F. (2013). *Estudio de factibilidad técnico-económica, para implementar una pista de patinaje sobre hielo*. Concepción: Universidad del Bío-Bío.

Moran, J. M. (2000). "Figure Skating", en Drinkwater, B. (ed.), *Women in Sport*, (pp. 510-534). Cornualles: Blackwell Science.

Muntañola, M. T. (1996). Evolución del deporte del tenis. *Apunts: Educación Física y Deportes*, 44-45, 12-18.

Nogueira da Silva, A. M. (2011). *Enseñanza de los marcadores del discurso para aprendices brasileños de E/LE: análisis de manuales de E/LE y de narrativas orales de aprendices brasileños*. Tesis doctoral. Salamanca: Universidad de Salamanca.

Nomdedeu Rull, A. (2003). La terminología del deporte en los diccionarios generales del español. *Revista de Lexicografía*, 9, 57-95.

Núñez Bayo, Z. (2011). "La verdad es que + oración en las entrevistas del proyecto PRESEEA Valencia (nivel sociocultural alto)", en Cestero Mancera, A. M., Molina Martos, I., Paredes García, F. (eds. lit.), *Actas del XVI Congreso Internacional de la ALFAL*, (pp. 611-619). Alcalá de Henares (6-9 de junio de 2011).

Ochoa Madrid, J. (2012). El conector 'pero': gramática y contexto situacional. *Escritura y Pensamiento*, 30, 113-127.

Ohl, F. (2001). Les commentaires journalistiques sur le sport, ont-ils un sens? *Recherche en communication*, 15, 185-214.

Oliva Marañón, C. (2012). Lenguaje deportivo y comunicación social: prototipo coetáneo de masas. *Revista de Comunicación de la SEECI*, 28, 11-29.

Ortega Olivares, J. (1985). "Apéndices modalizadores en español: los «comprobativos»", en Montoya Martínez, J. & Paredes Núñez, J. (eds.), *Estudios románicos dedicados al profesor Andrés Soria Ortega,* (pp. 239-255). Granada: Universidad de Granada.

Palachi, C. D. & Morais, M. J. (2020). La partícula 'y'. Marcador discursivo en el español argentino. *Cuadernos de Literatura. Revista de Estudios Lingüísticos y Literarios*, 15, 74-90. DOI: http://dx.doi.org/10.30972/clt.0154709. Fecha de acceso: 22 de enero de 2022.

Panov, V. N. (1989). *Ajedrez elemental*. Barcelona: Ediciones Martínez Boca

Pedrero Esteban, L. M. 2017. "La programación deportiva en televisión", en J. L. Rojas Torrijos, J. L. (coord.). *Periodismo deportivo de manual*, (pp. 135-156). Valencia: Tirant lo Blanch.

Pérez Goez, L. A. & Corrales Quintero, J. F. (2015). *Plan estratégico para la creación de la escuela de iniciación y formación deportiva de la Corporación*

Universitaria Minuto de Dios -Uniminuto- Seccional Bello. Tesis de grado. Antioquia: Universidad Minuto de Dios.

Pons Bordería, S. (2001). Connectives / Discourse markers. An overview. *Quaderns de Filologia. Estudis Literaris*, 4, 219–243.

Portolés Lázaro, J. (1989). El conector argumentativo 'pues'. *Dicenda. Cuadernos de Filología Hispánica*, 8, 117–133.

Portolés Lázaro, J. (1993). La distinción entre los conectores y otros marcadores discursivos en español. *Verba*, 20, 141–170.

Portolés Lázaro, J. (1998). El concepto de suficiencia argumentativa. *Signo y Seña*, 9, 201–224.

Portolés Lázaro, J. (2001). *Marcadores del discurso*. Barcelona: Ariel.

Portolés Lázaro, J. (2016). "Los marcadores del discurso", en Gutiérrez-Rexach, J. (ed.), *Enciclopedia Lingüística Hispánica*, (pp. 689–699). Londres/Nueva York: Routledge.

Pozo Rocha, P. A. (2016). *Diseño y construcción de una máquina neumática semiautomatizada para el lanzamiento de pelotas para entrenamiento en el Ambato Tenis Club.* Tesis doctoral. Ambato: Universidad Técnica de Ambato.

Quintero Ramírez, S. & Cárdenas Navarro, J. J. (2020). Aproximación al análisis comparativo de estructuras en una muestra narrativa de tres eventos deportivos. *Lingüística y Literatura*, 77, 211–234.

Quintero Ramírez, S. (2015). Rasgos sintácticos de la crónica futbolística. *Revista de Investigación Lingüística*, 18, 233–254.

Quintero Ramírez, S. (2016). Marcadores discursivos en el blog de José Ramón Fernández. *Lingüística y Literatura*, 70, 47–69.

Quintero Ramírez, S. (2017). Metonimia como recurso cohesionador en el texto periodístico deportivo. *Revista Estudios de Lingüística. Universidad de Alicante ELUA*, 31, 269–284. doi:10.14198/ELUA2017.31.14

Quintero Ramírez, S. (2020). Estudio contrastivo de estructuras sintácticas y léxicas para denominar los referentes de notas deportivas. *Literatura y lingüística*, 42, 331–353.

Quintero Ramírez, S. (2021). Análisis contrastivo de las estructuras sintácticas en crónicas de patinaje sobre hielo en inglés y español. *Signo y Seña*, 39, 72–99.

Raible, W. (2000). ¿Qué es un texto? *Revista Función*, 21–24, 10–29.

Ramírez Bravo, R. (2019). Los marcadores dicsursivos 'pero' y '¿no?' en el habla andina de Nariño, Colombia. *Folios*, 50, 65-82.

Ramírez Gallegos, J. P. (2003). "Fútbol e identidad regional en Ecuador", en Alabarces, P. (comp.), *Futbologías: Fútbol, identidad y violencia en América Latina*, (pp. 101–118). Buenos Aires: CLACSO.

Ramírez, T. (1995). *Gabinetes de Comunicación*. Barcelona: Bosch, Casa Editorial.

Regalado Ortegón, D. C. (2006). Expresiones emotivas del discurso periodístico deportivo. *Cuadernos de Lingüística Hispánica*, 7, 85–94.

Rivera Archundia, J. D. & Pérez Ramírez, R. M. (2016). El entrenamiento de la resistencia a la velocidad en el tenis: consideraciones metodológicas. *Deporvida*, 13(29), 142–152.

Rojas Vargas, M. R. (2017). *Valoración del umbral anaeróbico por medio de un test incremental y prueba de lactato en sangre a nadadores juveniles.* Tesis doctoral. Sangolquí: Universidad de las Fuerzas Armadas de Ecuador.

Rück, H. (1991). *Linguistique textuelle et enseignement du Français.* París: Hatier/ Didier.

Saavedra, J. M., Escalante, Y. & Rodríguez, F. A. (2003). La evolución de la natación. *Efdeportes Revista Digital*, 9(66).

Saiz Noeda, B. (2010). Notas sobre la retórica del lenguaje futbolístico. *Monográficos marcoELE. Las lenguas de especialidad y su enseñanza*, 11, 196–227.

Salameh Jiménez, S. (2018). Mecanismos de atenuación entre *el decir* y *lo dicho*: procesos de enunciación a través de la partícula discursiva *digamos*. *Revista Estudios de Lingüística. Universidad de Alicante ELUA*, Anexo IV: 85–100. DOI: 10.14198/ELUA2018.ANEXO4.05

Salvador Sánchez, J. & Suñé Torrents, A. (2015). Aprendizaje basado en juegos: el ajedrez como método de aprendizaje de la estrategia empresarial. *Departament d'Organització d'Empreses de la Universitat Politècnica de Catalunya*, 1–34.

Sánchez Avendaño, C. (2005). Los conectores discursivos: su empleo en redacciones de estudiantes universitarios costarricenses. *Revista de Filología y Lingüística*, 31(2), 169–199.

Sánchez-Alcaraz Martínez, B. J. (2013). Historia y evolución del tenis. *Materiales para la Historia del Deporte*, 11, 52–56.

Santoro, O. (2010). ¿Es el ajedrez un deporte? *ISDe Sports Magazine*, 2(7), 1–6.

Santos, L. (2003). *Diccionario de partículas*. Salamanca: Luso-Española de Ediciones.

Serrano, M. J. (1997). Marcadores discursivos en español: acerca de 'la verdad' y 'pues'. *Boletín de Filología de la Universidad de Chile*, 36, 265–286.

Soler Bonafont, M. A. (2017). 'La verdad (es que)': significado nuclear y atenuante. *Revista Signos, Estudios de Lingüística*, 50(95), 430–452.

Sperber, D. & Wilson, D. (1986). *Relevance: Communication and Cognition*. Oxford/ Cambridge: Blackwell.

Tanghe, S. & Jansegers, M. (2014). Marcadores del discurso derivados de los verbos de percepción: un análisis comparativo entre el español y el italiano. *Revue Romane*, 49(1), 1–31. https://doi.org/10.1075/rro.49.1.01jan. Fecha de acceso: 30 de enero de 2022.

Torrebadella-Flix, X. & Nomdedeu-Rull, A. (2013). Foot-ball, futbol, balompié... Los inicios de la adaptación del vocabulario deportivo de origen anglosajón. *RICYDE. Revista Internacional de Ciencias del Deporte*, 9(31), 5–22.

Torres-Luque, G., Sánchez-Pay, A., Fernández-García, Á. I. & Palao, J. M. (2014). Características de la estructura temporal en tenis. Una revisión. *Journal of Sport and Health Research*, 6(2), 117–128.

Traugott, E. C. (1996). «The role of the development of discourse markers in a theory of grammaticalization», Paper presented at *XII International Conference on Historical Linguistics*, Manchester 1995.

Vargas-Urpi, M. (2017). Los marcadores conversacionales en la interpretación en servicios públicos: una cuestión de omisiones y adiciones. *Íkala, Revista de Lenguaje y Cultura*, 22(3), 387–403.

Vila Pujol, M. R. (2003). "La conjunción 'y' en la construcción del texto", en Girón Alconchel, J. L., Herrero Ruiz de Loizaga, F. J., Iglesias Recuero, S. & Narbona Jiménez, A., (eds.), *Estudios ofrecidos al profesor José Jesús de Bustos Tovar, Volumen II*, (pp. 1083–1102). Madrid: Editorial Complutense.

Villamediana Sáez, V. & Lázaro de la Iglesia, P. (2020). Trabajo interdisciplinar en tecnificación en deportes de invierno: un abordaje desde la psicología del deporte. *Revista de Psicología Aplicada al Deporte y el Ejercicio Físico*, 5(1).

Villena Fiengo, S. (2003). "Gol-balización, identidades nacionales y fútbol", en Alabarces, P. (comp.), *Futbologías: Fútbol, identidad y violencia en América Latina*, (pp. 257–271). Buenos Aires: CLACSO.

Weinrich, H. (1976). *Lenguaje en Textos*. Madrid: Gredos.

Wilson, E. (2016). *Love Game: A History of Tennis, from Victorian Pastime to Global Phenomenon*. Chicago: The University of Chicago Press.

**Studien zur romanischen Sprachwissenschaft
und interkulturellen Kommunikation**

Herausgegeben von Gerd Wotjak, José Juan Batista Rodríguez und Dolores García-Padrón

Die vollständige Liste der in der Reihe erschienenen Bände finden Sie auf unserer Website
https://www.peterlang.com/view/serial/SRSIK

Band 110 Joaquín García Palacios / Goedele De Sterck / Daniel Linder / Nava Maroto / Miguel Sánchez Ibáñez / Jesús Torres del Rey (eds): La neología en las lenguas románicas. Recursos, estrategias y nuevas orientaciones. 2016.

Band 111 André Horak: Le langage fleuri. Histoire et analyse linguistique de l'euphémisme. 2017.

Band 112 María José Domínguez Vázquez / Ulrich Engel / Gemma Paredes Suárez: Neue Wege zur Verbvalenz I. Theoretische und methodologische Grundlagen. 2017.

Band 113 María José Domínguez Vázquez / Ulrich Engel / Gemma Paredes Suárez: Neue Wege zur Verbvalenz II. Deutsch-spanisches Valenzlexikon. 2017.

Band 114 Ana Díaz Galán / Marcial Morera (eds.): Estudios en Memoria de Franz Bopp y Ferdinand de Saussure. 2017.

Band 115 Mª José Domínguez Vázquez / Mª Teresa Sanmarco Bande (ed.): Lexicografía y didáctica. Diccionarios y otros recursos lexicográficos en el aula. 2017.

Band 116 Joan Torruella Casañas: Lingüística de corpus: génesis y bases metodológicas de los corpus (históricos) para la investigación en lingüística. 2017.

Band 117 Pedro Pablo Devís Márquez: Comparativas de desigualdad con la preposición de en español. Comparación y pseudocomparación. 2017.

Band 118 María Cecilia Ainciburu (ed.): La adquisición del sistema verbal del español. Datos empíricos del proceso de aprendizaje del español como lengua extranjera. 2017.

Band 119 Cristina Villalba Ibáñez: Actividades de imagen, atenuación e impersonalidad. Un estudio a partir de juicios orales españoles. 2017.

Band 120 Josefa Dorta (ed.): La entonación declarativa e interrogativa en cinco zonas fronterizas del español. Canarias, Cuba, Venezuela, Colombia y San Antonio de Texas. 2017.

Band 121 Celayeta, Nekane / Olza, Inés / Pérez-Salazar, Carmela (eds.): Semántica, léxico y fraseología. 2018.

Band 122 Alberto Domínguez Martínez: Morfología. Procesos Psicológicos y Evaluación. 2018.

Band 123 Lobato Patricio, Julia / Granados Navarro, Adrián: La traducción jurada de certificados de registro civil. Manual para el Traductor-Intérprete Jurado. 2018.

Band 124 Hernández Socas, Elia / Batista Rodríguez, José Juan / Sinner, Carsten (eds.): Clases y categorías lingüísticas en contraste. Español y otras lenguas. 2018.

Band 125 Miguel Ángel García Peinado / Ignacio Ahumada Lara (eds.): Traducción literaria y discursos traductológicos especializados. 2018.

Band 126 Emma García Sanz: El aspecto verbal en el aula de español como lengua extranjera. Hacia una didáctica de las perífrasis verbales. 2018.

Band 127 Miriam Seghiri. La lingüística de corpus aplicada al desarrollo de la competencia tecnológica en los estudios de traducción e interpretación y la enseñanza de segundas lenguas. 2019 (forthcoming)

Band 128 Pino Valero Cuadra / Analía Cuadrado Rey / Paola Carrión González (eds.): Nuevas tendencias en traducción: Fraseología, Interpretación, TAV y sus didácticas. 2018.

Band 129 María Jesús Barros García: Cortesía valorizadora. Uso en la conversación informal española. 2018.

Band 130 Alexandra Marti / Montserrat Planelles Iváñez / Elena Sandakova (éds.): Langues, cultures et gastronomie : communication interculturelle et contrastes / Lenguas, culturas y gastronomía: comunicación intercultural y contrastes. 2018.

Band 131 Santiago Del Rey Quesada / Florencio del Barrio de la Rosa / Jaime González Gómez (eds.): Lenguas en contacto, ayer y hoy: Traducción y variación desde una perspectiva filológica. 2018.

Band 132 José Juan Batista Rodríguez / Carsten Sinner / Gerd Wotjak (Hrsg.): La Escuela traductológica de Leipzig. Continuación y recepción. 2019.

Band 133 Carlos Alberto Crida Álvarez / Arianna Alessandro (eds.): Innovación en fraseodidáctica. tendencias, enfoques y perspectivas. 2019.

Band 134 Eleni Leontaridi: Plurifuncionalidad modotemporal en español y griego moderno. 2019.

Band 135 Ana Díaz-Galán / Marcial Morera (eds.): Nuevos estudios de lingüística moderna. 2019.

Band 136 Jorge Soto Almela: La traducción de la cultura en el sector turístico. Una cuestión de aceptabilidad. 2019.

Band 137 Xoán Montero Domínguez (ed.): Intérpretes de cine. Análisis del papel mediador en la ficción audiovisual. 2019.

Band 138 María Teresa Ortego Antón: La terminología del sector agroalimentario (español-inglés) en los estudios contrastivos y de traducción especializada basados en corpus: los embutidos. 2019.

Band 139 Sara Quintero Ramírez: Lenguaje creativo en el discurso periodístico deportivo. Estudio contrastivo en español, francés e inglés. 2019.

Band 140 Laura Parrilla Gómez: La interpretación en el contexto sanitario: aspectos metodológicos y análisis de interacción del intérprete con el usuario. 2019.

Band 141 Yeray González Plasencia: Comunicación intercultural en la enseñanza de lenguas extranjeras. 2019.

Band 142 José Yuste Frías / Xoán Manuel Garrido Vilariño (Hrsg.): Traducción y Paratraducción. Líneas de investigación. 2020.

Band 143 María del Mar Sánchez Ramos: Documentación digital y léxico en la traducción e interpretación en los servicios públicos (TISP): fundamentos teóricos y prácticos. 2020.

Band 144 Florentina Mena Martínez / Carola Strohschen (eds.): Challenges of Teaching Phraseology in the 21st Century. 2020.

Band 145 Yuko Morimoto / Rafael García Pérez (eds.): De la oración al discurso: estudios en español y estudios contrastivos. 2020.

Band 146 Miguel Ibáñez Rodríguez (ed.): Enotradulengua: Vino, lengua y traducción. 2020.

Band 147 Miguel Ángel García Peinado / José Manuel González Calvo (eds.): Estudios de literatura y traducción. 2020.

Band 148 Fernando López García (ed.): La involuntariedad en español. 2020.

Band 149 Julián Sancha: La injerencia del sexo en el lenguaje. 2020.

Band 150 Joseph García Rodríguez: La fraseología del español y el catalán: Semántica cognitiva, simbolismo y contrastividad. 2020.

Band 151 Melania Cabezas-García: Los términos compuestos desde la Terminología y la Traducción. 2020.

Band 152 Inmaculada Clotilde Santos Díaz: El léxico bilingüe del futuro profesorado. Análisis y pautas para estudios de disponibilidad léxica. 2020.

Band 153 Alfonso Corbacho Sánchez / Mar Campos Fernández-Fígares (eds.): Nuevas reflexiones sobre la fraseología del insulto. 2020.

Band 154 Míriam Buendía-Castro: Verb Collocations in Dictionaries and Corpus: an Integrated Approach for Translation Purposes. 2021.

Band 155 Guiomar Topf Monge: Traducir el género. Aproximación feminista a las traducciones españolas de obras de Annemarie Schwarzenbach. 2020

Band 156 Miriam Seghiri / Lorena Arce-Romeral: La traducción de contratos de compraventa inmobiliaria: un estudio basado en corpus aplicado a España e Irlanda. 2021.

Band 157 Emmanuel Bourgoin Vergondy / Ramón Méndez González (eds.): Traducción y paratraducción. Líneas de investigación II.2021.

Band 158 Clara Inés López-Rodríguez / Beatriz Sánchez-Cárdenas: Theory and Digital Resources for the English-Spanish Medical Translation Industry. 2021.

Band 159 Alicia Mariscal: Categorización de los errores ortográficos en zonas de contacto lingüístico entre inglés y español. 2021.

Band 160 Esther Linares-Bernabéu (ed.): Gender and Identity in Humorous Discourse. Género e identidad en el discurso humorístico. 2021.

Band 161 Matteo De Beni / Dunia Hourani-Martín (eds.): Corpus y estudio diacrónico del discurso especializado en español. 2021.

Band 162 María Clara von Essen: Identidad y contacto de variedades. La acomodación lingüística de los inmigrantes rioplatenses en Málaga. 2021.

Band 163 Juana L. Herrera Santana / Ana Díaz-Galán (eds.): Aportaciones al estudio de las lenguas. perspectivas teóricas y aplicadas. 2021.

Band 164 Juan M. Carrasco González: Dialectología fronteriza de Extremadura. Descripción e historia de las variedades lingüísticas en la frontera extremeña. 2021.

Band 165 Álvaro Molina García: Fundamentos acústico-perceptivos de la escisión prestigiosa de /θ/. Estudio sociofonético en Málaga. 2021.

Band 166 Pau Bertomeu Pi: Peticiones en alemán y español. Un estudio contrastivo a partir de *Gran Hermano*. 2022.

Band 167 María Teresa Ortego Antón: La investigación en tecnologías de la traducción. Parámetros de la digitalización presente y la posible incidencia en el perfil de los futuros profesionales de la comunicación interlingüística. 2022.

Band 168 Jaime Sánchez Carnicer: Traducción y discapacidad. Un estudio comparado de la terminología inglés-español en la prensa escrita. 2022.

Band 169 Juan Manuel Ribes Lorenzo: Las palabras diacríticas en fraseología histórica. 2022.

Band 170 Patricia Buján Otero / Lara Domínguez Araújo (eds.): Traducción & Paratraducción III (working title). 2022.

Band 171 Juan Cuartero Otal / Montserrat Martínez Vázquez / Regina Gutiérrez Pérez / Juan Pablo Larreta Zulategui (eds.): La interfaz Léxico-Gramática. Contrastes entre el español y las lenguas germánicas. 2022.

Band 172 Miguel Ibáñez Rodríguez: Enotradulengua. Género y tipos textuales del sector del vino. 2022.

Band 173 Sara Quintero Ramírez: Estudio pragmático-textual de marcadores discursivos en crónicas audiovisuales de eventos deportivos. 2022.

www.peterlang.com